A IGREJA DO AMANHÃ

Copyright © 2024 por Skye Jethani

Título do original em inglês:
Futureville: Discover Your Purpose For Today By Reimagining Tomorrow

Todos os direitos desta publicação reservados à Maquinaria Sankto Editora e Distribuidora LTDA. Este livro segue o Novo Acordo Ortográfico de 1990.

É vedada a reprodução total ou parcial desta obra sem a prévia autorização, salvo como referência de pesquisa ou citação acompanhada da respectiva indicação. A violação dos direitos autorais é crime estabelecido na Lei n.9.610/98 e punido pelo artigo 194 do Código Penal.

Este texto é de responsabilidade do autor e não reflete necessariamente a opinião da Maquinaria Sankto Editora e Distribuidora LTDA.

Diretor-executivo
Guther Faggion

Editora-executiva
Renata Sturm

Diretor Comercial
Nilson Roberto da Silva

Editorial
Gabriela Castro, Vanessa Nagayoshi

Copidesque
Ana Maria Menezes

Preparação de texto
Carol Amaral

Marketing e Comunicação
Matheus Costa, Rafaela Blanco

Direção de Arte
Rafael Bersi, Matheus Costa

Dados Internacionais de Catalogação na Publicação (CIP)
Angélica Ilacqua – CRB-8/7057

JETHANI, Skye
  A igreja do amanhã : encontrando seu propósito hoje / Skye Jethani ; tradução de Douglas Santos Hugentobler. -- São Paulo : Maquinaria Sankto Editora e Distribuidora Ltda, 2024.

  240p.
  ISBN 978-65-88370-71-1
  Título original: Futureville: Discover Your Purpose For Today By Reimagining Tomorrow

  1. Cristianismo 2. Igreja 3. Filosofia cristã I. Título II. Hugentobler, Douglas Santos
24-0656   CDD-230

ÍNDICES PARA CATÁLOGO SISTEMÁTICO:
  1. Cristianismo

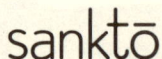

Rua Pedro de Toledo, 129 - Sala 104
Vila Clementino – São Paulo – SP, CEP: 04039-030
www.sankto.com.br

A IGREJA DO AMANHÃ

Encontrando seu propósito hoje

SKYE JETHANI

TRADUÇÃO: DOUGLAS HUGENTOBLER

sanktō

Meu amigo Skye escreveu mais um livro incrível. Esta obra vai te fazer pensar não apenas sobre a realidade do mundo, mas também como você pode transformá-la. Trata sobre ganhos e perdas, bem como sobre o nosso envolvimento no mundo em vez de sermos mero expectadores.

Bob Goff, autor de *O Amor Faz*

Quando os líderes do nosso país pensam em traçar um caminho moral e cultural para o futuro, uma das pessoas-chave que procuram é Skye Jethani. Com A Igreja do Amanhã, *o autor apresenta uma forma criativa e prática de como devemos agir frente às questões mais desafiadoras de nosso tempo. Não deixe de ler este livro.*

Joshua DuBois, ex-diretor da iniciativa religiosa da Casa Branca e autor de *The President's Devotional*

Neste livro, Skye Jethani fala com clareza reconfortante sobre um aspecto vital da narrativa bíblica, um que é, muitas vezes, ignorado ou mal compreendido pela igreja contemporânea. O que a Bíblia realmente ensina sobre o "fim de todas as coisas"? Como será o nosso futuro eterno? E como esse conhecimento deve influenciar nossas vidas hoje? Skye vai além da desordem da nossa bagagem histórica e da nossa confusão teológica pop, nos levando a redescobrir a visão bíblica para nosso trabalho e nossas vidas. A Igreja do Amanhã *é uma obra maravilhosamente lúcida e profundamente impactante. Não consigo imaginar algum crente que não se beneficie desta apresentação esclarecedora da nossa realidade presente — e de nosso futuro eterno — no Reino de Deus.*

Phil Vischer, criador de *VeggieTales* e *What's In The Bible?*

Poucos cristãos compreendem e conseguem navegar pela complicada interseção entre a fé e a cultura. Skye Jethani é um dos poucos. O autor entende que o futuro é a chave para superarmos nosso passado e prosperarmos no presente. A Igreja do Amanhã *traz uma das visões mais promissoras para descobrirmos nosso propósito e significado no aqui e agora, à medida que avançamos além da fronteira do "ainda não". Leia este livro com expectativa, pois vai te ajudar a viver uma vida que excederá suas expectativas mais extravagantes.*

Jonathan Merritt, autor de *Jesus is Better Than You Imagined*

Todo cristão é chamado para trabalhar para o Senhor, e não para os homens. Em um mundo decadente, isso pode ser difícil. Em A Igreja do Amanhã, *Skye Jethani se propõe a reconfigurar a visão do futuro e aplicar essa nova visão à vocação cristã. Este livro é cativante, útil e de leitura obrigatória.*

Ed Stetzer, presidente da *LifeWay Research*

Skye Jethani é um dos nossos verdadeiros intelectuais públicos em um mundo que precisa desesperadamente deles. Em A Igreja do Amanhã, *Skye não nos traz apenas uma análise honesta e astuta da nossa condição atual, mas também oferece uma visão convincente e esperançosa do futuro. Enraizado na confiança do reino,* A Igreja do Amanhã *apresenta um entendimento crítico que ajudará as pessoas a direcionarem suas vidas para a eternidade. Recomendo este livro a todos que precisam ser lembrados do futuro promissor que já foi conquistado para nós.*

Michael Wear, sócio-fundador da *Values Partnerships* e
ex-funcionário da Casa Branca

Skye Jethani é um dos jovens líderes cristãos mais respeitados de nosso tempo. Este livro é profundamente sábio e pessoal, e, além de te fazer compreender melhor os mundos da fé e da cultura, você também terá a capacidade de trilhar um caminho de maior impacto em ambos.

Dr. Joel C. Hunter, pastor titular da *Northland,*
A Church Distributed

Se você é como eu, vai querer ler A Igreja do Amanhã *várias vezes. Independentemente de sua idade ou fase da vida, Skye oferece uma visão de amanhã pensativa e teologicamente fundamentada que trará esperança, significado e propósito que você precisa hoje.*

Kara Powell, diretora-executiva do Instituto Jovem Fuller no Seminário Teológico Fuller e autora de *Sticky Faith*

Aparentemente, todas as gerações acabam desanimadas e pessimistas sobre o futuro da igreja; me parece que todas pensam que a geração subsequente está rebaixando a religião dos velhos tempos. Skye Jethani prova, mais uma vez, que o futuro da igreja não é sombrio, mas sim criativo, fundamentado, visionário e cheio de esperança. Este livro vai te erguer e te levar adiante, e você vai curtir o passeio.

Russell D. Moore, presidente da Comissão de Ética e Liberdade Religiosa dos Estados Unidos da América

Para Manohar e Jane Jethani

"Ouça, meu filho, a instrução de seu pai e não despreze o ensino de sua mãe"

— Provérbios 1:8

SUMÁRIO

CAPÍTULO I – VISÃO

O PRESENTE 15
OS SATURADOS 21
OS CAMINHOS 28
O FUTURO 34

CAPÍTULO II – A CULMINAÇÃO

A SUBIDA 37
O JARDIM 40
O DESERTO 44
A CIDADE 50
A DESCIDA 57

CAPÍTULO III – EVOLUÇÃO

O ILUMINISMO 59
O CARROSSEL 66
OS CRUZADOS 70
O CAMPO DE BATALHA 75

CAPÍTULO IV – EVACUAÇÃO

O NAUFRÁGIO 83
A FUGA 86
O CLERO 90
AS ILHAS 96

CAPÍTULO V – RESSURREIÇÃO

O ESPAÇO 103
O PROTÓTIPO 108
O "NOVO" 113
OS JARDINEIROS 120

CAPÍTULO VI – VOCAÇÃO

OS CHAMADOS 127
A DIVISÃO 133
O CONTRAMESTRE 139

CAPÍTULO VII – ORDEM

A IMAGEM 147
AS NOTÍCIAS 153
A MESA 162

CAPÍTULO VIII – BELEZA

AS ÁRVORES 169
A TENDA 172
O INÚTIL 178
O DESAFIADOR 185

CAPÍTULO IX – ABUNDÂNCIA

A BOLHA 193
O MERCADO 200
O PRATO 205
A CRUZ 210

CAPÍTULO X – ESPERANÇA

ESPERANÇA 217
O FIM SEM FIM 219

PERGUNTAS PARA DISCUSSÃO EM GRUPO 227

LEITURA RECOMENDADA 235

AGRADECIMENTOS 237

CAPÍTULO I
VISÃO

O PRESENTE

Este livro não é sobre o futuro. É sobre o presente. Sobre como podemos identificar que tipo de vida tem valor verdadeiro. É sobre repensar a maneira de nos relacionarmos com o mundo e o nosso propósito nele. Não é possível separar aquilo que acreditamos ter importância hoje do que acreditamos sobre o amanhã. E para entender o poder que o futuro tem de orientar o nosso presente, vamos viajar no tempo e visitar o período da Grande Depressão.

Para a geração dos meus avós, o futuro começou no dia 30 de abril de 1939. Naquele domingo, vários motoristas e pedestres cruzaram pela primeira vez a recém-construída ponte Bronx-Whitestone. Ao cruzarem o rio East, renegavam o passado: a cidade de Nova York — uma metrópole sob a sombra da escassez e da injustiça. A Grande Depressão havia afligido a cidade por uma década, roubando grande parte de sua riqueza e esperança. Contudo, no outro lado do rio, no Queens, encontrava-se a terra prometida. Logo à frente estava o futuro.

Da ponte, podiam ver uma espiral branca e brilhante com mais de 180 metros de altura perfurando o céu e, em sua base, seu companheiro gigante — um globo branco de dezoito andares de altura e quase sessenta metros de diâmetro, o maior construído até então. O Trylon e o Perisférico estavam no centro da Feira Mundial de Nova York de 1939 e serviam como faróis para atrair visitantes do outro lado do rio em direção a um futuro melhor. Estes eram os austeros símbolos modernistas do tema da Feira: "O Mundo de Amanhã".

É difícil exagerar a importância da Feira Mundial de Nova York de 1939 na psique do país. Um visitante lembra a pobreza que dominava a sua comunidade da Staten Island na época: "Todos eram pobres, todos pareciam pobres, e todos comiam mal. Era um mundo ameaçador e cinzento, sem muita esperança". Em contraste com esse pano de fundo sombrio, ele disse: "A Feira Mundial rompeu com um brilho surpreendente em nossas vidas. Ali estava exposto um mundo totalmente novo, o mundo do futuro no qual a pura abundância física era misturada com graça, cultura, arte, beleza e conquistas tecnológicas. Mal podíamos acreditar no que vimos e ouvimos. Voltamos várias vezes para nos assegurar de que estava realmente lá."[1]

Em 1939, a visão do futuro da nação havia sido moldada por suas circunstâncias sombrias. A Grande Depressão roubou sua esperança. A Feira Mundial de Nova York, no entanto, ofereceu uma visão alternativa do futuro, uma visão de beleza, ordem e abundância. Reavivou a esperança quando as pessoas mais precisavam. A Feira ajudou uma geração devastada a reinterpretar sua

---

1. COHEN, Barbara; HELLER, Steven; CHWAST, Seymour. *Trylon and Perisphere*. Nova York: Harry N. Abrams, Inc., 1989, p. 17.

calamidade presente como uma condição temporária no caminho a uma posteridade resplandecente.

O que acreditamos sobre o amanhã importa, pois a nossa visão do futuro é o que determina como entendemos o presente. Na verdade, o nosso hoje é definido pelo nosso amanhã. A maneira como interpretamos o nosso sofrimento presente, o nosso trabalho, o nosso propósito e até mesmo os nossos relacionamentos é definida por aquilo que pensamos estar por vir. A visão positiva proporcionada pela Feira Mundial de 1939 fez com que as pessoas reinterpretassem o significado e o efeito prolongado da Grande Depressão, impulsionando o país.

Contudo, visões do futuro também podem ter o efeito oposto. Pense no *outdoor* erguido por um escritório de advocacia de Chicago, que simplesmente dizia: "A vida é curta. Se divorcie".[2] Arraigada na mensagem está uma crença sobre o destino: a morte é certa e não existe esperança além desta vida. Essa visão do amanhã também determina como vivemos hoje: maximize o seu prazer e abandone seu cônjuge por estar te privando de uma vida melhor. O nosso hoje é definido pelo amanhã.

Esses exemplos nos lembram que aqueles que moldam a nossa visão do porvir exercem uma enorme influência sobre nossas vidas. As escolhas que fazemos, os valores que nos guiam, o trabalho que realizamos e as pessoas que nos tornamos são, sem exceção, orientados por aquilo que

---

2. FRANCESCANI, Chris. 'Life's Short. Get a Divorce'. Chicago Billboard Turns Heads. *ABC News*, Nova York. Disponível em: http://abcnews.go.com/TheLaw/LegalCenter/story?id=3147979&page=1. Acesso em: 7 maio 2007.

pensamos sobre o futuro. Às vezes, essas influências são positivas, oferecendo-nos um senso de propósito e esperança, mas também podem ser prejudiciais e fazer com que tenhamos uma visão limitada e sejamos egoístas. É por isso que um entendimento correto do futuro é fundamental e que toda cosmovisão e religião que busca influenciar o nosso comportamento têm algo a dizer sobre o amanhã.

O cristianismo não é exceção. Desde sua fundação, Jesus, seus apóstolos e a igreja nos ensinaram sobre o futuro tanto em palavras quanto em símbolos.[3] O futuro é um aspecto vital de nossa fé e de nossa vida, porque, quando enxergamos o futuro corretamente (visão), ele não só nos permite transcender nossas circunstâncias (esperança), como também norteia nossa forma de viver no presente (propósito). O amanhã determina a maneira de nos relacionarmos com o mundo hoje.

Essa realidade tem recebido atenção renovada nos dias de hoje à medida que os cristãos estão discutindo o real significado do compromisso com a fé neste mundo de mudanças rápidas e constantes.

Estudos mostram que menos pessoas, principalmente os jovens, estão participando de congregações locais.[4] Muitos jovens adultos, incluindo aqueles que se dizem comprometidos com a fé cristã, estão deixando de ver a relevância da igreja local em suas vidas. Falei com um pastor

---
3. BRADSHAW, Paul. *Early Christian Worship*. Collegeville: The Liturgical Press, 1996, p. 40.
4. BARNA GROUP (Estados Unidos da América). *Five Myths about Young Adult Church Dropouts*. Ventura, Califórnia: Barna Research Group, 2011. Disponível em: https://www.barna.com/research/five-myths-about-young-adult-church-dropouts. Acesso em: 16 nov. 2011.

frustrado sobre a dificuldade de recrutar jovens para sua congregação: "Como faço para que uma geração que não acredita em compromisso se comprometa com a igreja?", me perguntou. Eu acredito que essa premissa seja incorreta. A maioria dos jovens que conheço é altamente comprometida. Dedica-se às suas vocações, suas comunidades e, muitas vezes, às causas sociais. Só não está comprometida com aquilo que muitos líderes da igreja gostariam. Em uma conferência para jovens adultos chamada *Passion* (2012), Louie Giglio conseguiu resumir em uma frase a força que move essa geração: "A única coisa de que temos medo", disse, "é de viver uma vida insignificante".

Então, por que esses jovens não estão buscando significado pessoal se comprometendo com a igreja e sua missão? Acredito que uma parcela da resposta se encontra na visão do futuro apresentada por grande parte do cristianismo institucional contemporâneo, que não deixa espaço para uma teologia de vocação. Adotamos uma visão de amanhã que falha em endossar o trabalho de um cristão no mundo fora da igreja. Em vez disso, a mensagem da igreja, tanto explícita quanto implícita, absorvida por muitos jovens, é de que o ministério é o único trabalho que realmente importa à luz da eternidade. É uma visão que diz aos jovens que grande parte de seus interesses, ocupações e atividades não têm importância para Deus, e que o valor real só pode ser encontrado quando contribuímos com o nosso tempo e dinheiro para o trabalho da igreja institucional. Os jovens não estão mais engolindo isso. O problema não está em uma geração que se recusa a se comprometer com a igreja, mas em uma igreja que não consegue amparar a dedicação desta geração por causa da própria visão do futuro.

Os cristãos jovens estão cada vez mais comprometidos com ações sociais em nome dos pobres, traficados, marginalizados e abusados. Sentem Deus os chamando para aliviar o sofrimento no presente, enquanto outros estão questionando a prioridade e até mesmo a legitimidade de tais esforços. Será que a justiça social é parte da obra de Cristo e, portanto, central ao nosso chamado cristão no mundo? Ou será que é uma ação louvável, que agrada a Deus, mas não deve ser priorizada em relação à conversão de almas? A visão que temos do futuro influencia muito como essa pergunta é respondida.

Todos os cristãos — especialmente os jovens — encontram semelhantes dificuldades em viver em uma sociedade cada vez mais pluralista. A fé, sua prática e os valores cristãos não são mais incontestáveis em praça pública. Como devemos nos relacionar com nossos vizinhos que seguem outra religião ou que não têm fé alguma? Será que os cristãos devem lutar pela supremacia política e econômica a fim de impor seus valores sobre a cultura vigente? Ou será que devem se retirar do engajamento social e abandonar a sociedade ao seu declínio inevitável? E se existe alguma alternativa entre esses extremos, qual seria? Qual é a nossa responsabilidade com as nossas comunidades? Mais uma vez, a maneira como entendemos o destino final de nossas comunidades, bem como quais obras têm valor eterno, determinarão como nos envolvemos com elas.

Esses debates sobre justiça social, missão, pluralismo cultural e vocação podem ser agregados a uma questão mais ampla: como os cristãos devem se relacionar com o mundo? Essa pergunta não pode ser respondida de forma satisfatória sem explorarmos o que acreditamos sobre o futuro. Como vivemos hoje é definido por aquilo que pensamos sobre o amanhã. Para muitos da minha geração, no entanto, o futuro não é o que costumava ser.

OS SATURADOS

Eu vi o futuro quando tinha seis anos. Meus pais me levaram ao Walt Disney World, e explorar o Magic Kingdom (Reino Mágico) foi como passear por um livro de histórias, mas não foram os piratas ou os castelos antigos que cativaram a minha imaginação. Foi a visão do amanhã de Walt Disney.

A arquitetura austera e transcendente do Tomorrowland (Terra do Amanhã) era diferente do resto do parque. Em vez de um livro de contos de fadas, o Tomorrowland parecia mais um diagrama tridimensional — uma tentativa de prever como seria o futuro. Suas atrações haviam sido criadas para ensinar e não apenas divertir. A Mission to Mars (Missão à Marte), desenvolvida em colaboração com a NASA, nos mostrou o que os verdadeiros astronautas encontrariam no planeta vermelho, e o Carousel of Progress (Carrossel do Progresso) delineou os desenvolvimentos tecnológicos do século XX e antecipava as descobertas que estavam por vir.

O ápice das minhas férias foi um passeio de monotrilho de 22 quilômetros até a mais nova atração da Disney — o Epcot Center. O Protótipo Experimental da Comunidade de Amanhã ainda estava em construção, mas o monotrilho nos deu uma boa prévia do Future World (Mundo Futuro) enquanto circulávamos a Spaceship Earth (Nave Espacial Terra) — uma esfera geodésica no centro do Epcot, modelada segundo a esfera gigante da Feira Mundial de Nova York de 1939. Assim como a Feira havia cativado a imaginação daquela geração, a visão utópica de Walt Disney sobre o futuro cativou a minha. Saí cantarolando a música tema do parque: *"There's a Great Big Beautiful Tomorrow"* (Há um ótimo, grande e lindo amanhã). E com a ajuda de Walt Disney, eu acreditei.

No entanto, a visão de futuro de Walt não foi a única que me impactou naquele ano. Em uma tarde ensolarada, eu vi outro futuro quando o corpo sem vida de meu irmão mais novo foi resgatado de um laguinho de fundo de quintal. A sombra da morte entrou em meu mundo e, com ela, veio uma visão mais sombria do amanhã. Eu vi quando a dor, a raiva e a depressão encheram o espaço que o riso de uma criança costumava ocupar em nossa casa. Com o tempo, a dor se tornou menos aguda e as atividades de meu cotidiano foram retomadas, mas a minha visão do mundo nunca foi recuperada. O amanhã não parecia mais ótimo, grande e lindo. Em vez disso, ele parecia restrito e doloroso. Como resultado, meu otimismo infantil instigado pela Disney mudou de rumo, voltando-se ao cinismo adolescente antes da maioria de meus colegas, que, no devido tempo, se juntariam a mim.

Seus mundos também acabaram arrasados, em geral não pela morte, mas frequentemente pelo divórcio de seus pais. Phil Vischer comentou sobre o declínio de nossa geração rumo ao cinismo:

> *Algumas pessoas acreditam que o Vietnã foi a fonte do cinismo moderno da América. Outros culpam o Watergate. Mas, para mim e para muitos outros de minha geração, a verdadeira raiz, eu creio, está muito mais perto de casa e é muito mais pessoal. Quando éramos muito jovens, nossos pais quebraram suas promessas. As promessas que fizeram um ao outro e as que fizeram a nós. Em um período muito curto de tempo, milhões de crianças americanas descobriram que o mundo não é um lugar seguro.*[5]

A morte, a decepção e, acima de tudo, o divórcio conspiraram contra a minha geração de tal forma que não conseguíamos mais acreditar em um "ótimo, grande e lindo amanhã". Como o futuro pode inspirar admiração e esperança quando o mundo é governado pela imprevisibilidade e pela dor? Embora o sofrimento não seja algo exclusivo da minha geração, a natureza e a contiguidade de nossas feridas são. Quando nossos pais e avós eram crianças, foram assolados pela pobreza e pela guerra — forças

---

5. Palestra concedida por Phil Vischer na Universidade de Yale em março de 2005. Disponível em: https://www.yumpu.com/en/document/view/10594377/the-philosophical-implications-of-talking-vegetables-phil-vischer-. Acesso em: 2 mar. 2005.

históricas que mudaram o mundo para sempre —, mas o ambiente que mais marcou suas identidades e perspectivas permaneceu praticamente intacto: a família.

Para aqueles nascidos no final do século xx, no entanto, a dinâmica foi invertida. Os anos entre a Guerra do Vietnã e o 11 de Setembro foram economicamente prósperos e sem conflitos armados em grande escala. Fomos beneficiados pelo desenvolvimento rápido da nossa qualidade de vida e pelas maravilhas das novas tecnologias, mas os nossos lares e famílias eram instáveis, as nossas identidades se fragmentaram e a nossa visão do mundo como um todo se tornou sombria. Portanto, apesar do fim da Guerra Fria e do advento da era digital, a minha geração tem dificuldade de abraçar uma visão esperançosa de futuro. Como Vischer observou: "Nossos avós eram 'a grande geração'. Nós nos tornamos 'a mais sarcástica'".[6] Em vez de abraçar visões esperançosas do amanhã, zombamos delas. Mesmo o Tomorrowland da Disney não conseguiu reverter o cinismo da minha geração.

Em meados da década de 1990, a visão tecnoutópica do futuro de Disney não inspirava mais seus visitantes. Uma pesquisa revelou que "já não existe mais a crença de que, diariamente, de todos os modos, estamos melhorando cada vez mais. Os membros da geração emergente não creem mais que a humanidade será capaz de resolver os grandes problemas mundiais (...)."[7] As pessoas visitavam

---

6. Ibid.
7. GRENZ, Stanley J. *Pós-modernismo: um guia para entender a filosofia do nosso tempo*. São Paulo: Vida Nova, 1997, p. 24.

a Disney World para escapar da realidade, e uma terra sobre o futuro não evocava mais pensamentos felizes sobre um "ótimo, grande e lindo amanhã". O futuro deixava as pessoas deprimidas e ansiosas. Como resultado, o Tomorrowland se tornou uma fonte de grande frustração dentro da Disney Company, que lutava para desenvolver um novo plano para que seus visitantes revirassem os olhos de tédio com o parque. Alguns dentro da empresa sugeriram removê-lo por completo, entretanto, a Disney não abandonou o Tomorrowland. Apenas abandonou o amanhã.

Quando levei meus filhos à Disney World no ano passado, descobri um Tomorrowland radicalmente alterado, não construído sobre uma visão profética do futuro, mas sim em um futuro baseado nas fantasias de ontem. Utilizando imagens de desenhos em quadrinhos da década de 1950, a Disney criou uma caricatura do futuro que era parte Buck Rogers e parte Buzz Lightyear. O novo Tomorrowland, como um historiador da Disney descreveu, zombava da visão esperançosa de Walt do futuro, afirmando que "não era possível levá-la a sério".[8] Era um Tomorrowland condizente com nossa geração saturada e cínica.

Como já observamos, aquilo que pensamos sobre o futuro dita a forma como vivemos no presente. No caso da minha geração, o inverso também é verdadeiro: nossa experiência no presente moldou nossa visão do futuro. Para mim e muitos de meus colegas, os lares desfeitos, as

---

8. KURTTI, Jeff. *Since the World Began*: Walt Disney World — The First 25 Years. Los Angeles: Disney Editions, 1996, p. 74.

comunidades disfuncionais e as infâncias tomadas pela televisão nos deram uma visão cínica do futuro. Crescemos com pais, comerciais e líderes políticos nos enchendo de promessas vazias que nunca se cumpriram. Portanto, quando nos deparamos com visões brilhantes e felizes do futuro que trazem promessas de paz e prosperidade, é com grande ceticismo que as recebemos, além de ridicularizá-las.

A minha geração precisa mais do que esperança para o amanhã; exigimos evidências hoje. Não é suficiente nos dizer que as coisas vão melhorar um dia. Já ouvimos isso antes, geralmente logo depois de nossos pais saírem pela porta da frente carregando uma mala feita às pressas. Resistimos a chavões sobre um "ótimo, grande e lindo amanhã" com nossas grossas armaduras de sarcasmo. Para que uma visão do futuro tenha alguma chance de despertar esperança vivificante na minha geração, ela deve oferecer evidências reais no presente. Exigimos um adiantamento do futuro.

Esta é uma área em que a igreja contemporânea ficou aquém da geração mais jovem. Conforme observado anteriormente, as pesquisas mostram um declínio significativo do envolvimento dos jovens na igreja.[9] As razões são muitas, mas não devemos descartar o cinismo dos nascidos após 1970 como um dos fatores contribuintes. Somos uma geração cética, com faro para rodeios e

---

9. GROSSMAN, Cathy Lynn. Young Adults Aren't Sticking with Church. *USA Today*, McLean, VA, 6 ago. 2007. Disponível em: http://usatoday30.usatoday.com/news/religion/2007-08-06-church-dropouts_N.htm. Acesso em: 6 ago. 2007.

apetite por autenticidade. Portanto, enquanto a igreja está simultaneamente repleta de escândalos, conflitos, discriminação e injustiças, quando ouvimos líderes cristãos falarem sobre um futuro de paz, justiça e o fim do mal e do sofrimento, não perdemos nosso tempo. Colocamos o rótulo de "hipocrisia" rapidamente e, como David Kinnaman e Gabe Lyons relataram em seu livro *Descrentes*,[10] nossos corações ficam mais endurecidos contra a fé.

Assim como um paciente psiquiátrico cuja própria paranoia o leva a recusar a medicação que aliviaria sua condição, o cinismo desta geração sabota qualquer chance de receber a esperança que poderia aliviá-lo. Estamos presos em um ciclo vicioso, e as tentativas da igreja moderna de alcançar nossa geração com reuniões divertidas, pastores *hipsters* e programação relevante se mostraram ineficazes.

Para penetrar a armadura do sarcasmo usada por esta geração, a igreja precisa apresentar uma esperança que não se limita a um futuro distante. Devemos nos aprofundar nas Escrituras e nos ensinamentos de Jesus para encontrar uma esperança viva hoje, uma que precisa ser tanto individual quanto cósmica, que toque nossas feridas pessoais, bem como os sistemas fragmentados deste mundo — os lares, comunidades e instituições onde nossas feridas foram recebidas. Por fim, devemos mostrar como essa esperança está sendo cultivada no presente, iluminando a evidência de que nossa esperança em Cristo é autêntica e, portanto, digna de fé. Somente quando os jovens virem os

---

10. KINNAMAN, David; LYONS, Gabe. *Descrentes*. Pompéia: Universidade Da Família, 2018.

vislumbres de um mundo melhor emergindo hoje, abraçarão a esperança de um "ótimo, grande e lindo amanhã".

OS CAMINHOS

O poder do futuro de moldar o presente vem primeiramente da esperança, mas existe uma segunda forma pela qual o futuro impacta o presente: ele nos traz propósito. A maneira como investimos nossas vidas, o trabalho que almejamos e os objetivos que buscamos estão inexoravelmente ligados ao que acreditamos sobre o amanhã. Em vista disso, somos uma espécie muito estranha. Que outras criaturas são tão obcecadas por descobrir o seu propósito ou dedicam tempo e energia deliberando sobre o que fazer com sua breve existência na Terra? Talvez seja a marca do nosso Criador que nos faz querer desesperadamente ter um senso de propósito, querer que nosso trabalho seja relevante e que nossas vidas se enquadrem no contexto da eternidade. Queremos empenhar nossos esforços no que é duradouro, naquilo que vai permanecer. Moisés articulou esse desejo no Salmo 90. Somos como a grama, disse ele, que floresce pela manhã, mas murcha à noite. Moisés refletiu sobre a brevidade da vida e o trabalho árduo de nossos dias. Concluiu sua canção com o desejo por nosso trabalho não ser em vão: "E seja sobre nós a graça do Senhor, nosso Deus; e confirma sobre nós a obra das nossas mãos; sim, confirma a obra das nossas mãos."[11]

---

11. Salmos 90:17.

VISÃO

Desejamos investir nossas vidas em um propósito mais elevado, naquilo que acreditamos que fará diferença além dos oitenta ou noventa anos que viveremos na Terra. A esperança, como já discutimos, surge por meio de uma visão inspiradora do futuro, mas também queremos saber como chegar lá. O que devemos fazer para cultivar a visão de amanhã que recebemos hoje? Nosso senso de propósito também está enraizado no futuro.

A questão de propósito, como construir o Mundo de Amanhã, tomava a maior parte da Feira Mundial de Nova York de 1939. Os visitantes que entravam no parque eram atraídos para o Trylon e o Perisfério, a torre e a esfera no centro do parque. Nesses monumentos futuristas eram, então, inspirados por uma visão: um modelo de uma cidade do amanhã onde todos os males sociais eram eliminados e a humanidade vivia em perpétua harmonia. Fora do Perisfério, o resto dos mil e duzentos hectares da Feira havia sido dividido em sete zonas, cada uma focada em como tornar o Mundo de Amanhã uma realidade.

Algumas das atrações se mostraram incrivelmente corretas. Por exemplo, o pavilhão Futurama da General Motors exibiu um sistema nacional de rodovias e um futuro dominado por automóveis. O apoio público para a construção do sistema rodoviário nacional alguns anos depois foi resultado direto da exibição da GM na Feira Mundial de 1939. O Futurama foi um exemplo de visão que motivou um propósito que se tornou realidade. No entanto, outras ideias se mostraram menos clarividentes, como o Elecktro, um robô que fumava cigarros e deveria tomar conta das tarefas domésticas desenvolvido pela Westinghouse. Ainda estamos esperando um desses.

Ainda assim, nem tudo na Feira era sobre novas tecnologias. A Zona do Governo incluiu dezenas de pavilhões de vários países ao redor da Lagoa das Nações. Além de exibir artefatos culturais e símbolos nacionais, as atrações patrocinadas por diferentes governos serviam como postos de propaganda sobre caminhos radicalmente diferentes para o futuro. Por exemplo, o pavilhão dos Estados Unidos destacou as vantagens da livre iniciativa e da liberdade individual. Não muito longe dele, encontrava-se o imponente pavilhão da União Soviética — a estrutura mais alta da feira depois do Trylon. O pavilhão era adornado com uma estátua de vinte e cinco metros do *Joe The Worker* (José, o Trabalhador), representando a supremacia da sociedade socialista. Essas duas superpotências e seus caminhos divergentes para o futuro viriam dominar a história do século XX.

Uma nação distintamente ausente na Feira, mas cuja presença foi sentida de qualquer forma, era a Alemanha. À medida que o regime nazista ganhava força na Europa e seu plano sinistro para o futuro era revelado, a Feira Mundial de Nova York era visivelmente afetada. A Tchecoslováquia deixou de ser uma nação enquanto seu pavilhão ainda estava em construção, e, quatro meses após a inauguração da Feira, em setembro de 1939, as luzes do pavilhão polonês se apagaram, após o país ter sido invadido pela Alemanha e pela URSS. A Segunda Guerra Mundial havia começado.

A Feira Mundial de 1939 nos traz uma lição importante: mesmo quando existe um acordo coletivo sobre como o futuro pode vir a ser, ainda podemos encontrar discrepâncias profundas sobre a forma de alcançá-lo. A Feira apresentou uma única visão repleta de esperança para o amanhã, mas também ofereceu diferentes caminhos de como alcançá-lo. Esses caminhos prenunciavam a turbulência que envolveria grande parte do século XX. Infelizmente, em vez de ser um século de paz e progresso como a Feira prescrevia, as divergências sobre como criar o Mundo de Amanhã fizeram do século passado o mais sangrento já registrado na história.

Desentendimentos sobre o melhor caminho para o futuro também marcaram a minha casa. Após a morte de meu irmão, meus pais lidaram com a situação de modos muito diferentes. Sem dúvida, os dois ansiavam por um futuro de plenitude e conforto — um futuro no qual suas feridas seriam curadas e nossa família, abençoada, mas minha mãe e meu pai seguiram caminhos diferentes para alcançar essa visão.

Minha mãe se voltou para a igreja. Uma corrente zelosa de evangelicalismo com uma forte ênfase no fim dos tempos cativou sua imaginação. No início de 1980, o *best-seller* de Hal Lindsey, *A agonia do grande planeta Terra*, convenceu milhões de cristãos de que Cristo viria em breve para arrebatá-los da dor e do mal deste mundo[12] — posso entender o apelo que esta mensagem teve para

---

12. LINDSEY, Hal; CARSON, Carole C. *A agonia do grande planeta Terra*. São Paulo: Mundo Cristão, 1973.

uma mãe que sofria com a perda de seu filho. Meu pai, por outro lado, não confiava no que ele considerava "religião organizada". Seu caminho o levou à autodisciplina e ao trabalho árduo. Sendo médico, trabalhou incansavelmente para estabelecer sua clínica e garantir um futuro melhor para si e sua família. Não conseguia apagar a dor do passado, mas podia se esforçar para construir o futuro que desejava.

Assim como a Feira Mundial de 1939, os caminhos divergentes na minha casa resultaram em conflitos. Não apenas conflito pessoal entre meus pais, mas conflito de propósitos. Meu irmão e eu tínhamos que entender as mensagens contraditórias sobre o que tinha mais valor. A que devemos dedicar nossas vidas? Fé ou finanças? Religião ou educação? Trabalho ou adoração? Qual caminho nos levaria a um futuro de paz e plenitude? Que estilo de vida tem um real valor? Claro, essas não são perguntas exclusivas à minha adolescência. São as que encontro com frequência entre os estudantes universitários que orientei e ensinei. Eles queriam saber o que fazer com suas vidas, se dedicar àquilo que era mais importante. No entanto, como determinamos isso?

Desde os primórdios do cristianismo, as questões sobre significância estavam relacionadas à eternidade — aquilo que é eterno é importante. Jesus nos disse para não valorizarmos o que é temporário em detrimento do que é eterno. "Não acumulem para vocês tesouros na terra, onde a traça e a ferrugem destroem, e onde os ladrões arrombam e furtam. Mas acumulem para vocês tesouros nos céus, onde a traça e a ferrugem não destroem, e onde os ladrões não arrombam nem furtam."[13]

Para investirmos nossas vidas em tesouros que não serão destruídos, precisamos descobrir o que tem valor eterno, precisamos identificar o que irá perdurar. Novamente, nossa visão do futuro moldará nossas ações no presente. Em algumas comunidades cristãs, aprendemos que toda a criação, exceto as almas dos redimidos, será destruída e substituída. Essa visão tem sérias implicações para as nossas considerações sobre uma vida de valor. Por que investir energia projetando edifícios bonitos, eficientes e seguros se estão destinados às chamas? Por que compor músicas, desenvolver governos justos ou buscar erradicar um vírus mortal? Em comunidades com essa visão do futuro, faz sentido que o ministério, rigidamente definido pelo resgate e restauro de almas, torne-se o principal propósito da vida cristã. Nessas comunidades, não se acredita que qualquer coisa além disso permanecerá.

O que a igreja teria a dizer à maioria dos cristãos que tem chamado para um trabalho não ministerial? Ela tem alguma mensagem além de "faça seu trabalho com ética", "compartilhe sua fé com seus colegas de trabalho" ou "doe para missões"? Essas mensagens não atendem à angústia de uma geração que busca desesperadamente por significado. Para oferecermos uma resposta relevante enquanto igreja, precisamos reexaminar aquilo que pensamos e falamos sobre o futuro. Devemos isso aos seguidores de Cristo e a todos. Precisamos avaliar se a nossa visão

---
13. Mateus 6:19-20.

do futuro está de acordo com o que Cristo e seus apóstolos ensinaram. O alinhamento da nossa visão com esses ensinos proporcionará às pessoas um senso de propósito e dignidade em seu trabalho, enquanto o contrário vai privá-las de propósito e dignidade.

O FUTURO

Escrevi meu livro anterior, *Vida com Deus*,[14] porque estava muito preocupado com os membros da igreja enrijecendo para o evangelho por estarem aprendendo a se relacionar com Deus de um modo contrário à mensagem de Cristo. Como resultado, estão buscando Deus a partir de uma postura de controle fundamentada no medo, ao invés de uma postura de fé fluindo do amor. O modo como nos relacionamos com Deus, entretanto, é apenas um aspecto da vida cristã. Como Jesus nos ensinou, o maior mandamento é amar Deus e o segundo, semelhante a este, é amar o próximo.[15] Por todo o Novo Testamento, essas duas facetas do cristianismo — o amor a Deus e o amor aos outros — são apresentadas como realidades inseparáveis. Como João escreveu: "Se alguém afirmar: 'Eu amo Deus', mas odiar seu irmão, é mentiroso, pois quem não ama seu irmão, a quem vê, não pode amar Deus, a quem não vê".[16] Portanto, sempre achei que o *Vida com Deus* fosse um livro importante, porém incompleto. Só podemos ter

---

14. JETHANI, Skye. *Vida com Deus: redescubra seu relacionamento com ele*. São Paulo: Maquinaria Editorial, 2020.
15. Mateus 22:37-39.
16. 1João 4:20.

um relacionamento pleno com Deus quando este inclui nossos relacionamentos com as pessoas ao nosso redor.

Esse é o meu desejo para este livro. Não devemos apenas reimaginar a forma como nos relacionamos com Deus; devemos também reimaginar a forma como nos relacionamos com seu mundo. Será que devemos nos isolar dos males destrutivos de nossa sociedade e criar enclaves seguros até o retorno de Cristo ou devemos entrar parede adentro das instituições culturais e administrá-las com políticas e legislações enraizadas na ética bíblica? Será que devemos nos entregar totalmente ao crescimento numérico da igreja local ou nos concentrar no alívio do sofrimento físico e temporal? Existe diferença entre sermos cozinheiros e clérigos, missionários e mecânicos? Que tipo de trabalho tem importância real e como nossa comunhão com Deus deve ser manifestada no mundo?

Ao refletir sobre essas questões, minha mente sempre volta ao mesmo lugar: o futuro. Como cristãos, acreditamos que uma vida significativa é aquela que é vivida em parceria com o que Deus está fazendo — a missão de Deus. Mas o escopo da missão de Deus é definido pelo que acreditamos sobre o futuro e por aquilo que acreditamos que irá permanecer. Portanto, não podemos começar a definir como vivemos neste mundo sem explorar o que acreditamos sobre o mundo que está por vir.

Vimos neste capítulo introdutório como o nosso senso de esperança e propósito no presente é o produto de nossa visão do futuro. Algumas perspectivas cultivam uma esperança vivificante e um senso claro de significado em nossas vidas. Outros podem roubar nossa esperança e fazer com que vivamos uma existência rígida e egoísta. Também identificamos os desafios específicos que a geração atual enfrenta. Nosso cinismo nos deixou resistentes à esperança, mas continuamos com medo de viver vidas insignificantes. Além disso, nossa cultura, inclusive dentro da igreja, apresenta-nos caminhos diferentes e às vezes contraditórios para o futuro. Como saberemos qual caminho devemos seguir?

Assim como os nova-iorquinos que cruzaram o rio East em busca de esperança e propósito em meio à Grande Depressão, convido você a deixar a sua realidade presente para trás e se juntar a mim enquanto exploramos uma visão do futuro. À medida que sua visão da Cidade do Amanhã for clarificada, acredito que ela lhe trará esperança e propósito para sua vida hoje.

CAPÍTULO II
A CULMINAÇÃO

A SUBIDA

Quando as multidões carentes entravam na Feira Mundial de Nova York de 1939, eram atraídas para a estrutura colossal branca em seu centro: a torre e o globo. Embora aparentassem ser futuristas, o Trylon e o Perisfério foram inspirados por uma obra de arte criada muitos anos antes. A gravura *Within the Gates* (Dentro dos portões, tradução livre), do artista A. I. Rice, criada em 1875, retrata a sua visão do céu: uma cidade-jardim dominada por uma estrutura imaculada e esférica branca e uma torre triangular. Os projetistas da Feira Mundial copiaram a visão celestial de Rice colocando o Trylon e o Perisfério no centro do parque para simbolizar o paraíso que esperavam para o futuro, mas estes eram mais do que meros símbolos.

Uma vez sob a esfera de dezoito andares, os visitantes subiam pela escada rolante mais alta do mundo, levando-os aos ares e conduzindo-os por um portão. Assim como o apóstolo João foi levado ao céu para receber uma visão do futuro,[17] os visitantes da Feira Mundial subiam ao Perisfério para receber uma visão do mundo de amanhã. Uma vez dentro do Perisfério, eram transportados por

---
17. Apocalipse 4:1.

uma varanda móvel que os conduzia por um céu artificial de onde, então, avistavam um modelo da celebrada "cidade-jardim de amanhã perfeitamente integrada". Por seis minutos, um narrador invisível falava sobre o mundo utópico de 2039, onde os cidadãos viviam em uma comunidade de lazer, combinando o melhor da vida urbana e rural, conhecida como Cidade do Bem-estar. A cena estava em forte contraste com as favelas e os cortiços da devastadora Era da Depressão de Nova York. Ao fim do passeio, os visitantes saíam do Perisfério por uma rampa de 300 metros que descia gradativamente, vestindo *botons* em suas roupas que professavam: "Eu vi o futuro".

Neste capítulo, quero te levar ao Perisfério para receber uma visão, não de uma Cidade do Bem-estar estadunidense, mas de uma Cidade do Amanhã cristã, nome que dei ao mundo de amanhã retratado nas Escrituras.

Desde sua fundação, o cristianismo expressa uma fé que visa o futuro e, ainda hoje, continuamos tendo uma fascinação generalizada sobre o final dos tempos ou, como os teólogos o chamam, a *escatologia*, isto é, o estudo das últimas coisas. Os romances fictícios sobre o assunto se tornaram *best-sellers*, e o cristianismo "pop" aparenta estar preocupado em prever quando chegará o fim. Com tanto interesse, veio também muita confusão e, indo direto ao ponto, teologia ruim. Como alguns estudiosos já observaram, as crenças populares sobre o futuro geralmente dizem mais sobre as pessoas e a cultura de onde surgiram do que algo significativo sobre o próprio futuro. Acredito que, em grande parte, isso acontece porque divorciamos a visão cristã do futuro e a história mais ampla das Escrituras a que pertence.

Quando falamos sobre o futuro, qualquer futuro, estamos na verdade falando sobre os próximos capítulos de uma história que ainda está sendo contada e, se quisermos entender esses capítulos, precisamos nos familiarizar com a história que os precede. Por exemplo, quando os visitantes da Feira Mundial de 1939 entraram no Perisfério para ver a Cidade do Bem-estar, estavam preparados para receber aquela visão como a culminação de uma narrativa que já conheciam. Os estadunidenses entendiam que faziam parte da história do progresso humano, da liberdade e da indústria que estava se desdobrando. E para lembrá-los dos capítulos anteriores dessa história, a avenida que levava ao Perisfério estava repleta de símbolos da narrativa estadunidense: uma estátua de George Washington, esculturas representando os direitos constitucionais e outros ícones dos negócios, da arte e da história. Entrar no Perisfério era, então, uma maneira de visualizar o glorioso auge da história nacional que ainda estava em andamento.

Assim como na Feira, antes de entrarmos em nosso Perisfério e receber a visão da culminação da história cristã realizada na Cidade do Amanhã, devemos primeiro entender o contexto desse futuro. Enquanto vários livros podem ser escritos sobre a história bíblica do mundo, e na verdade já foram, vamos revisar esta narrativa empregando duas simples metáforas: o jardim e o deserto.

O JARDIM

Os hebreus antigos acreditavam que o mar era um abismo tenebroso e nefasto do caos, um reino assombroso que estava em contraste com o seu Deus de ordem. Suas Escrituras começam com este Deus criando ordem a partir de um abismo primordial:

> *No princípio Deus criou os céus e a terra. Era a terra sem forma e vazia; trevas cobriam a face do abismo, e o Espírito de Deus se movia sobre a face das águas.*[18]

Das águas turbulentas, Deus invocou ordem. Ele separou o céu do mar, a terra do oceano, a escuridão da luz. Formou um mundo organizado no meio de um deserto cósmico. Então esculpiu um lugar para ser diferente de qualquer outro lugar, onde sua vontade, desejo e propósito seria exibido com grande clareza. Deus criou um jardim:

> *Ora, o Senhor Deus tinha plantado um jardim no Éden, para os lados do leste, e ali colocou o homem que formara. Então o Senhor Deus fez nascer do solo todo tipo de árvores agradáveis aos olhos e boas para alimento.*[19]

Um pequeno investimento imobiliário no Éden, o jardim foi criado para ser o habitat ideal para os humanos, com tudo aquilo que era necessário para prosperarem. Esse primeiro jardim era marcado por três características: ordem, beleza e abundância.

---

18. Gênesis 1:1–2.
19. Gênesis 2:8–9.

Ordem é o que faz de um jardim um jardim. Uma selva ou floresta podem ser lindas e cheias de vida, mas não são cultivadas por ninguém. São ecossistemas autorreguladores. Um jardim, por outro lado, requer um jardineiro. O Éden não surgiu aleatoriamente. Deus o plantou e "fez nascer do solo todo tipo de árvores". Por sua definição, um jardim é um local de ordem e intencionalidade. O jardim do Éden representa o lugar onde a plena vontade de Deus foi manifestada.

Também somos informados que "o Senhor Deus fez nascer do solo todo tipo de árvores agradáveis aos olhos". Os primeiros teólogos judeus não deixaram de perceber o fato de o escritor de Gênesis ter listado a beleza das árvores antes de sua utilidade em diversos tipos de expressões. A noção de que "todo tipo" de árvore bonita nasceu no Éden celebra a abundante variedade de beleza que Deus criou. Embora muitas vezes seja considerada como não essencial, as Escrituras afirmam que os humanos necessitam dela para prosperar. A beleza nutre nossos espíritos assim como a comida nutre nossos corpos.

O jardim também continha tudo o que o homem e a mulher precisavam para prosperar fisicamente; era um lugar onde os recursos existiam em abundância. As árvores ofereciam alimento agradável e nutritivo, quatro rios forneciam água, e não havia ameaça de fome, escassez ou decadência. Simplificando, sempre havia o suficiente.

Se parássemos de explorar o jardim aqui, a imagem que teríamos do Éden estaria alinhada com as suposições populares de que era um lugar de relaxamento e de uma vida livre de preocupações, um grande *resort* com tudo incluso. Contudo, o Criador do Éden não estabeleceu o jardim para que este fosse um lugar de férias eternas. Gênesis diz: "O Senhor Deus colocou o homem no jardim do Éden para cuidar dele e cultivá-lo".[20] O homem não era um convidado mimado no Éden; era o gerente e o zelador. Deus havia colocado a humanidade no jardim para ser sua representante; fora criada para ser a portadora de sua imagem para o mundo e para ter domínio sobre a terra.[21] Em outras palavras, os humanos foram criados para administrar e governar esse novo mundo junto a Deus. O homem iniciou essa tarefa dando nome aos animais, o que em si é um ato de criação — uma maneira de organizar e classificar. Cultivava mais ordem.

Alguns acreditam erroneamente que o Éden era um habitat autossuficiente, um zoológico divino onde Deus planejava manter suas criaturas humanas para diversão própria. Na verdade, o Éden era um tipo de acampamento-base a partir do qual o homem e a mulher deveriam expandir o jardim de Deus até abranger toda a terra. Disse a eles: "Encham e subjuguem a terra".[22] Em comunhão com Deus, a humanidade deveria estender a ordem, a beleza e a abundância do Éden até os confins da terra. Esse bom trabalho era o propósito que havíamos recebido como portadores da imagem de Deus.

---

20. Gênesis 2:15.
21. Gênesis 1:27-28.
22. Gênesis 1:28.

A CULMINAÇÃO

Pode parecer um trabalho árduo e custoso, dificilmente um paraíso de lazer; mas isso é porque vivemos em um universo que se levanta contra nossos esforços. A própria criação resiste às nossas tentativas de edificar, ordenar e criar. No entanto, os primeiros humanos, de acordo com a narrativa bíblica, não conheciam tal resistência. Viviam em perfeita harmonia com toda a criação. O mundo queria se submeter a eles. O trabalho de estender o jardim não era um esforço contencioso contra um cosmos birrento, mas um empreendimento alegre que partia do impulso criativo e da curiosidade que Deus havia colocado dentro de seus portadores de imagem.

Os antigos israelitas descreveram essa ordenação harmoniosa da criação onde a humanidade florescia como *shalom*. A palavra é comumente traduzida como "paz", mas essa tradução só reflete um aspecto de seu significado. *Shalom* é a paz que vem da plenitude, onde nada falta e vivemos em harmonia com Deus, com a criação e com os outros. É a condição que produz um desenvolvimento abrangente, onde tudo e todos cumprem o seu potencial traçado por Deus. Esta era exatamente a condição do homem e da mulher no jardim. Possuíam um propósito, desfrutavam de infinitas variedades de beleza e tinham recursos abundantes. Além disso, viviam em unidade perfeita um com o outro e com o seu criador. Deus estava com eles. Juntos, governariam o mundo em admiração e deleite sem fim, no qual a glória de cada nova expressão de ordem e beleza gerada seria maior do que a antecedente. Até que tudo deu errado.

O DESERTO

Eu não descreveria o mundo como um lugar de ordem, beleza e abundância sem fim. Poucos fariam isso. Em vez de um jardim de *shalom*, o mundo que conhecemos se parece mais com um deserto perigoso. Buscamos ansiosamente por significado e ordem em um cosmos incapaz de fornecê-los. Lutamos diariamente contra a fealdade do mundo em nossas comunidades e dentro de nós mesmos. Somos movidos pelo medo de não termos o suficiente: comida, riqueza, segurança ou dias para apreciar estas coisas. E em vez de nos deleitarmos em uma existência infinitamente criativa em unidade com Deus, observamos o sofrimento deste mundo e duvidamos da existência de um Criador benevolente.

Contudo, como o jardim de *shalom* se tornou um deserto de medo?

A narrativa bíblica nos diz que o jardim foi perdido quando a humanidade se rebelou contra Deus. Em vez de viver e governar com ele, buscamos estar sobre ele. Na história conhecida por tantos, uma serpente enganou o homem e a mulher, levando-os a comer o fruto de uma árvore que Deus os havia proibido de provar. Não comeram o fruto simplesmente porque parecia apetitoso. Comeram porque queriam ser "como Deus".[23] Foi um ato de rebelião — uma rejeição a Deus e ao seu plano de governar a terra com os humanos. O homem e a mulher não queriam mais estar com Deus. Queriam ser deuses.

---

23. Gênesis 3:5.

A CULMINAÇÃO

Essa rebelião provocou uma desastrosa reação em cadeia que destruiu o *shalom* da criação e mudou fundamentalmente a ordem do cosmos. A primeira evidência foi uma agitação interna desconhecida pelo homem e pela mulher até então: o medo. Em um jardim de perfeita ordem, beleza e abundância, o medo era desconhecido e desnecessário. No entanto, à medida que a ordem que Deus criou começou a se deteriorar no caos, a perfeição da criação foi desfeita, e o medo se espalhou como uma epidemia. As Escrituras se referem à nossa rebelião contra Deus e suas terríveis repercussões com uma única palavra: pecado.

Após este golpe de Estado, o homem e a mulher são enviados do Éden ao deserto. Embora muitas vezes isso seja interpretado como uma punição pelo seu pecado, não podemos esquecer que Deus sempre desejou que a humanidade deixasse o Éden. Receberam a missão de cultivar toda a terra de uma forma que esta refletisse a ordem, a beleza e a abundância do Éden e ainda carregavam este instinto mesmo depois de terem caído em pecado. Por terem rejeitado a Deus, no entanto, deram continuidade a esse trabalho sem ele, cercados por uma criação que não se submeteria voluntariamente aos seus esforços. Assim, quando deixaram o Éden e entraram no deserto, a terra de *shalom* foi perdida, e o caminho de volta foi fechado.

Depois disso, a humanidade viria a conhecer apenas o duro deserto do mundo. Enquanto o jardim era um lugar de ordem, o deserto era governado pelo caos — eventos imprevisíveis e devastadores nos assolam sem aviso prévio. Enquanto o jardim era um ambiente de beleza, o deserto era dominado pela feiura — as flores murcharam e a grama secou; decaimento e morte tornaram-se o destino de todas as coisas. Enquanto o jardim fornecia recursos abundantes, o deserto era dominado pela escassez. Passamos a nos esforçar e lutar para conseguir o que precisamos para sobreviver, o que muitas vezes leva ao conflito entre indivíduos e comunidades. Esses aspectos desvirtuados do mundo têm o mesmo efeito em cada um de nós que teve no primeiro homem e mulher: medo. Estamos todos com medo.

Ver o mundo como um deserto imprevisível e ameaçador nos faz viver com um desejo incessante de nos proteger. Procuramos mitigar nossos medos nos esforçando para controlar o mundo e aqueles ao nosso redor. E controle requer poder — o mesmo poder que a humanidade buscou egoisticamente e que levou o mundo a esta condição fragmentada. Precisamos esclarecer, porém, que poder em si não é algo maligno. No princípio, Deus concedeu poder sob a forma de autoridade ao homem e à mulher quando ele os chamou para "subjugar" a terra.[24] O mal veio quando não estavam contentes com esse poder e, em vez disso, buscaram o poder de Deus para si. Então, nos encontramos presos em ciclos sem fim de medo e controle, onde nos sentimos impotentes e procuramos desesperadamente adquirir mais poder. É por isso que Friedrich Nietzsche concluiu: "Este mundo é a vontade de poder — e nada além disso! E também vós mesmos sois essa vontade de

---

24. Gênesis 1:28.

poder — e nada além disso!"²⁵. A busca destrutiva por poder, alimentada pelo medo de um mundo perigoso, pode explicar muito da história humana, mas não tudo.

Apesar da perspectiva niilista de Nietzsche e de outros ateus, Deus não abandonou sua criação ao pecado e ao mal. Não é um criador que rejeita e substitui; ele reconcilia e redime. A história de Israel no Velho Testamento é a história do Criador iniciando um plano para cultivar um novo jardim no deserto do mundo, para mais uma vez trazer ordem, beleza e abundância à sua criação. Deus fez uma aliança de relacionamento primeiramente a Abraão edepois aos seus descendentes, e a presença de Deus com seu povo foi marcada pela restauração do jardim.

A narrativa central da história de Israel evidencia isso. No Êxodo, Deus tirou seu povo da escravidão no Egito e os levou a um deserto literal, mas sua presença transformou o deserto em um oásis — um jardim cercado por um ambiente hostil. Primeiramente, Deus estabeleceu a ordem liderando seu povo com uma coluna de nuvem durante o dia e uma de fogo à noite. Não foram abandonados ao caos, mas guiados pela "mão poderosa e braço forte" de Deus.²⁶ A ordem também foi estabelecida quando Deus deu sua lei ao povo — as diretrizes para a vida, adoração e relacionamentos. A justiça desta lei, sua ordem divina, foi o que distinguiu Israel de todos os povos da Terra.

Na fealdade árida do deserto do Sinai, Deus também cultivou a beleza. Ordenou que Israel construísse

---
25. NIETZSCHE, Friedrich. *A Vontade de Poder*. Rio de Janeiro: Contraponto, 2008, p. 51.
26. Deuteronômio 4:34.

um lugar móvel de adoração; alguns foram cheios do seu Espírito para criar lindos artefatos de ouro, prata, pedra, metal e tecido para realizar esta tarefa.[27] O tabernáculo foi decorado com imagens do jardim e se encontrava no meio da comunidade para lembrá-los de seu Deus. Porém, o atributo mais belo desta tenda não foi criado por mãos humanas. Após sua construção, "a glória do Senhor encheu o tabernáculo"[28], e a bela presença do próprio Deus irradiava da tenda.

Os israelitas, então, experimentaram uma abundância milagrosa no deserto. Naquela terra seca e letal, Deus fez com que rios de água fluíssem de rochas, transformou poços rançosos em água limpa e doce, fez com que pão caísse do céu todos os dias para alimentar seu povo e conduziu bandos de codornas ao acampamento para que tivessem carne. E durante seus quarenta anos de permanência em uma região de poucos recursos naturais, Deus fez com que suas roupas e sapatos não se deteriorassem.

Os israelitas aprenderam que o deserto do mundo poderia ser transformado por meio do poder e da presença de Deus. Apesar de viverem em um mundo marcado pelo caos, feiura e escassez, eles não precisavam ter medo, porque Deus estava com eles. O *shalom* ainda podia ser cultivado no mundo pela graça do Deus de Israel.

Os exemplos da presença transformadora de Deus continuam por todo o Velho Testamento, mas eles não se limitam a Israel. O fato de que nós também podemos ver

---

27. Êxodo 35:30–35.
28. Êxodo 40:34.

traços de ordem, beleza e abundância em nosso mundo caído é evidência de que Deus não nos abandonou. Sim, nosso mundo é um deserto perigoso e assustador, mas os ecos do Éden não foram totalmente perdidos. Gilbert Keith Chesterton comparou nosso mundo a um naufrágio cósmico. Somos como marinheiros, disse ele, acordando com amnésia em uma praia. À medida que vagamos pela costa, encontramos moedas de ouro, cargas preciosas, uma bússola e outros vestígios valiosos de uma civilização da qual mal podemos nos lembrar. Da mesma forma, vemos indícios de um mundo anterior que há muito esquecemos. Beleza, alegria, amor nos pegam de surpresa nesse mundo destruído e mexem com nossas emoções. Eles nos lembram do mundo para o qual fomos criados e acendem um desejo por um mundo futuro que esperamos alcançar. Esse desejo é tão forte, tão universal, que vamos à extremos extraordinários para ter vislumbres do jardim de Deus, mesmo nos desertos mais opressivos desta terra.[29]

Durante a opressão nazista na Polônia, a jovem Gerda Klein passou meses escondida com sua família em um porão. Apesar do perigo, ela se esgueirava para visitar um jardim que ela batizou de "meu paraíso". Gerda ansiava em "estar em contato com a natureza, ver coisas crescendo e experimentar sua beleza". Por fim, os alemães a capturaram e a levaram a um campo de trabalhos forçados em Grünberg, um lugar brutal descrito por Klein como "crueldade em contraste a um cenário de beleza".

---

29. YANCEY, Philip. G. K. Chesterton: relíquias à beira-mar. *In* YANCEY, Philip. *Alma sobrevivente: sou cristão, apesar da igreja*. São Paulo: Mundo Cristão, 2001.

No campo nazista, duas mil meninas marchavam todas as manhãs para a fábrica por um pátio com canteiros de rosas e tulipas. "Dia após dia", disse Klein, "eu tinha que resistir ao desejo de sair da fila e tocar naquelas lindas flores". Certa manhã, quando um único açafrão brotou por uma fenda no concreto, a fila de jovens escravizadas silenciosamente mudou seu curso enquanto "centenas de pés eram desviados" para evitarem pisar em sua flor.[30]

Nossas vidas no mundo são marcadas pela crueldade, mas estão em contraste com um cenário de beleza que, frustrantemente, permanece distante. Ainda buscamos em desespero por evidências — mesmo os pequenos vestígios — de que o mundo que ansiamos estará algum dia ao nosso alcance. Mesmo nos desertos mais inflexíveis, procuramos sinais de que o jardim é real, que não permanecerá para sempre longínquo e que, um dia, estaremos livres para sair da fila e conquistar a beleza que nossos espíritos desejam. Todos nós atravessamos o deserto do mundo com os ecos do Éden em nossas almas.

A CIDADE

A narrativa das Escrituras é uma história longa e tortuosa, e meu objetivo não é estudar todos, tampouco a maioria, de seus picos e vales – vamos explorá-los muito mais nos próximos capítulos. Minha intenção é traçar um esboço geral da história cristã de modo que a nossa visão do

---

30. HELPHAND, Kenneth I. *Defiant Gardens: Making Gardens in Wartime*. San Antonio: Trinity University Press, 2008, p. 239.

futuro possa ser assimilada no contexto apropriado. Agora, voltemos nossa atenção a esse futuro.

Depois de termos considerado a história do jardim da criação e do deserto da rebelião, imagine subir ao Perisfério para ter uma prévia da Cidade do Amanhã, o capítulo final desta saga cósmica. O que você espera encontrar? Como toda história, queremos ver um bom triunfo, a vitória do herói e a resolução de um conflito que traga satisfação à nossa alma. Assim, dentro do Perisfério, pode ser que desejemos ver um mundo restaurado às qualidades experimentadas uma vez no Éden — um mundo de ordem, beleza e abundância, em que a humanidade é livre do medo e do mal. Talvez esperemos um retorno ao jardim da criação. Todavia, se a história cristã culminasse assim, esta seria uma narrativa cíclica em que o fim é, na verdade, um retorno ao início, como vemos em muitos filmes populares onde o protagonista desperta para descobrir que sua luta nada mais era do que um pesadelo e que tudo voltou ao normal. Alguns defendem esse entendimento do cristianismo. Eles acreditam que Deus pretende apertar o botão de *reset* do cosmos, reiniciar sua criação e começar de novo. Eles acreditam em uma narrativa de restauração.

Contudo, ao entrar em nosso Perisfério, não é isso o que vemos. Não encontramos um retorno ao Éden. Na verdade, nem sequer vemos um jardim; em vez disso, contemplamos uma cidade. No último livro da Bíblia, o apóstolo João teve uma visão da era por vir, uma espiada na culminação da narrativa cristã. Não viu o Éden restaurado, mas, sim, uma cidade descendo do céu:

Ele [o anjo] me levou no Espírito a um grande e alto monte e mostrou-me a Cidade Santa, Jerusalém, que descia dos céus, da parte de Deus. Ela resplandecia com a glória de Deus, e o seu brilho era como o de uma joia muito preciosa, como jaspe, clara como cristal.[31]

Por que a história cristã culmina em uma cidade e não um jardim? Para responder esta pergunta, devemos abandonar nossas suposições modernas e enxergar pelas lentes do mundo antigo. A postura em relação a cidades mudou profundamente após a Revolução Industrial no século XIX. Graças às fábricas e à rápida urbanização, as pessoas passaram a considerar as cidades como lugares congestionados, poluídos por pilhas de lixo e repletos de doença e crime. Como resultado, uma visão romântica da natureza surgiu nessa época. As pessoas começaram a se aglomerar em parques e florestas para escapar da brutalidade dos ambientes urbanos, e a natureza foi glorificada como um santuário imaculado não contaminado pela feiura do homem.[32] Entretanto, no mundo antigo, muito antes da Revolução Industrial, o pensamento era exatamente o oposto. A maioria das pessoas via a natureza como um lugar ameaçador e brutal que devia ser evitado e as cidades como enclaves de segurança e civilização onde a arte, a indústria, o governo e o comércio prosperavam.

---

31. Apocalipse 21:10-11.
32. O movimento ambientalista moderno também encontra suas raízes nesse período. Para saber mais sobre o mito de uma ordem natural harmoniosa sem o envolvimento humano, recomendo a leitura de BIRCHARD, Bill. *Nature's Keepers*: The Remarkable Story of How the Nature Conservancy Became the Largest Environmental Group in the World. Nova York: Jossey-Bass, 2005.

Para os antigos, uma cidade era um refúgio do deserto que os cercava; era um jardim onde a ordem, a beleza e a abundância haviam alcançado seu florescimento pleno.

Portanto, a visão de João de uma cidade em Apocalipse 21 é tanto um retorno às qualidades quanto o ápice do potencial do Éden. Se você se lembra, o mandato original de Deus para a humanidade era: "Encham e subjuguem a terra"[33]; encarregou seus portadores de imagem de levarem a ordem, a beleza e a abundância do Éden para todo o mundo, até que a terra refletisse plenamente as qualidades de seu jardim. O que descobrimos na visão de João, portanto, é o mundo que Deus sempre quis. É o mundo amadurecido que a humanidade deveria ter cultivado com Deus, se não tivesse se rebelado e permitido o mal perverter a criação. A visão de João não é um retorno ao Gênesis; Deus não aperta o botão de *reset* do universo. Ao contrário de tantos outros mitos antigos, a história cristã não é cíclica; é definitivamente linear, desenvolvendo-se a um ápice glorioso e surpreendente.

Imagine um mestre pintor trabalhando em um grande mural com seus aprendizes. Tendo iniciado a pintura e delineado um rascunho, o mestre sai. Os aprendizes, desprezando o mestre, apagam seus traços e bagunçam o mural, jogando tinta sobre ele. Quando o mestre descobrir o ocorrido, seus aprendizes acreditam que ele será forçado a recomeçar sua obra. Quando o mestre retorna, entretanto, não se desespera. Em vez disso, pega uma das pontas na

---

33. Gênesis 1:28.

borda do mural e começa a puxar uma camada de tela que os aprendizes não haviam percebido. À medida que a tela se desprende, uma parte da tinta é removida e destruída, mas, surpreendentemente, outra permanece sobre a tela, que é, então, incorporada à composição. Quando a camada é totalmente removida, para espanto dos aprendizes, o mural pronto que o mestre havia planejado desde o princípio é revelado. O que pretenderam maliciosamente foi transformado para o bem por seu mestre.

Da mesma forma, o que o Apocalipse mostra vai além do que esperamos. Quando o mal infectou a criação em Gênesis 3, presumimos que os planos de Deus foram frustrados, que teria que desconstruir seu mundo, limpar a bagunça que criamos e começar de novo. João, no entanto, oferece-nos um final diferente para esta história. A cidade revelada representa o mundo que Deus sempre planejou. Seu plano não foi descarrilado; sua obra-prima não foi destruída; ele não começa de novo. Em vez disso, descobrimos que Deus triunfou e seu objetivo não foi frustrado, apesar das maiores investidas do mal.

Uma análise mais minuciosa da *Cidade do Amanhã* oferece ainda mais pistas sobre o mundo de amanhã. João descreve a enorme metrópole como sendo feita de "ouro puro"[34] e com dimensões cúbicas — iguais em comprimento, largura e altura. Os leitores do primeiro século entenderam o significado desse cubo sem qualquer dificuldade. O santuário mais interno do templo

---

34. Apocalipse 21:18.

judaico, conhecido como Santo dos Santos, era onde que a presença de Deus habitava. A sala era inacessível a todos, exceto ao sumo sacerdote, mas este só tinha permissão de entrar uma vez por ano, no Dia da Expiação. Esse era um espaço em forma de um cubo perfeito, com todas as superfícies cobertas por ouro. João estava comunicando à sua audiência que, na era vindoura, o Santo dos Santos, a habitação de Deus, será também a habitação de seu povo; toda a cidade será um santuário:

> *Ouvi uma forte voz que vinha do trono e dizia: "Agora o tabernáculo de Deus está com os homens, com os quais ele viverá. Eles serão os seus povos; o próprio Deus estará com eles e será o seu Deus".*[35]

A união entre Deus e a humanidade no princípio do jardim será restaurada.

O medo que domina nossas experiências no deserto do mundo também terá desaparecido. João nos diz que aquele antigo símbolo do caos, o mar, não existirá mais,[36] e a cidade será cercada por uma grande muralha com doze portões, que nunca se fecharão, porque não haverá perigo. A ordem governará o cosmos novamente. Não teremos mais razão para ter medo.

As nações trarão sua glória e honra pelos portões abertos. Eles povoarão a cidade, trazendo consigo os mais belos artefatos da cultura humana, mas sua glória não será comparável à que irradia do próprio Deus.

---

35. Apocalipse 21:3.
36. Apocalipse 21:1.

João disse que a cidade "não precisa de sol nem de lua para brilharem sobre ela, pois a glória de Deus a ilumina, e o Cordeiro é a sua candeia".[37] A cidade será um lugar de beleza inimaginável.

Na cidade, por onde corre um rio, estará a árvore da vida mencionada pela primeira vez no Éden. O caminho para esta árvore, que havia sido fechado após a rebelião do homem e da mulher, agora estará aberto. Seus frutos e folhas não acabarão, trazendo cura às nações. Como João escreveu: "Haverá maldição nenhuma".[38] Abundância, em vez de escassez, marcará esta nova era.

Embora alguns defendam uma interpretação literal da visão de João sobre o futuro, é importante colocar esta revelação no contexto mais amplo da narrativa bíblica para podermos entender melhor a sua ideia central. Será que uma cidade gigante, dourada e em forma de cubo algum dia descerá das nuvens, secará os oceanos e alimentará todas as pessoas com uma única árvore? Não acredito que essa seja a mensagem de João. O alvo desses símbolos é claramente despertar a imaginação de seu público, que vivia no primeiro século, a fim de comunicar uma mensagem mais profunda. João está descrevendo uma era vindoura, onde Deus habitará novamente com seu povo e o cosmos será corrigido. Caos, feiura e escassez serão substituídos por perfeita ordem, beleza e abundância. No mundo de amanhã,

---

37. Apocalipse 21:23.
38. Apocalipse 22:3.

não teremos o Éden simplesmente restaurado, mas, sim, amadurecido em integridade.

A DESCIDA

Toda visão deve ter um fim. Eventualmente, a revelação de João se dissipou, e ele voltou à sua existência exilada na ilha de Patmos, de onde escreveu sua visão para o encorajamento da igreja. Desde então, os cristãos têm interpretado essas palavras e indagado como a cidade do futuro que João viu viria a acontecer. Assim como João depois de ter recebido sua visão do amanhã, os visitantes da Feira Mundial de 1939 também saíram do Perisfério. Descem lentamente de volta à terra para explorar o resto da feira e para descobrir como a Cidade do Bem-estar se tornaria realidade. Agora é nossa vez de fazer o mesmo. Devemos deixar o Perisfério para descobrir o caminho para a Cidade do Amanhã.

Embora muitos possam concordar com o ponto culminante da história cristã apresentada neste capítulo, como chegamos lá é outra questão. Mesmo entre os cristãos, permanecem diferenças gritantes sobre o caminho que nos levará à Cidade do Amanhã. O que escolhermos será importante porque, embora todos os caminhos para o amanhã nos prometam esperança e propósito, nem todos podem cumprir essa promessa. Em vez de nos aproximarem da cidade-jardim, alguns acabam sendo caminhos de flores que nos distanciam dela. Em vez de buscar pela ordem, beleza e abundância, conduzem o mundo ao caos, feiura e escassez ainda mais profundos. Os próximos capítulos exploram três caminhos para o futuro e como eles frustram ou facilitam nossa jornada até a *Cidade do Amanhã*.

CAPÍTULO III
EVOLUÇÃO

O ILUMINISMO

"Onde está o meu carro voador?" Quando eu tinha nove anos, um filme popular colocou em minha cabeça a ideia de que eu teria um carro voador em 2015. Você deve se lembrar da cena final do filme *De Volta Para o Futuro*, quando o doutor Brown retorna de 2015 para alertar Marty McFly e sua namorada sobre sua futura família. Eles entram na máquina do tempo, um DeLorean; Marty diz que eles não têm rua suficiente para acelerar a 88 milhas por hora — a velocidade necessária para a viagem no tempo —, ao que o doutor responde: "Rua? Para onde vamos não precisamos de ruas." E o carro voa pelo céu.

Bem, eu me lembro dessa cena e ainda estou esperando meu carro voador. Claro que temos carros com sistemas de navegação (ao estilo James Bond), outros com reconhecimento de voz (ao estilo *Super Máquina*) e alguns que até estacionam sozinhos em paralelo (ao estilo *Herbie, Se Meu Fusca Falasse*). Mesmo assim, quando vão voar?

Talvez você não seja tão apaixonado por automóveis voadores quanto eu, mas provavelmente existe alguma coisa sobre o futuro que cativou sua imaginação quando criança — algo incrível que você esperava ter ou fazer agora. Viajar pelo espaço sideral? Ter um mordomo robô? Jogar xadrez holográfico com um *Wookie*? Não carregamos essas expectativas conosco simplesmente porque éramos crianças impressionáveis. Nascemos em um mundo que nos convenceu de que o progresso era inevitável. Aprendemos que tudo o que temos hoje será substituído por uma versão ainda melhor amanhã.

Considere a rapidez com que o mundo evoluiu. O tempo entre a invenção do voo motorizado e a viagem do homem à lua aconteceu durante o período de uma única vida (76 anos). E se o Ford Modelo T em 1908 pôde evoluir para um Ford Taurus em 1985, então um Ford voador em 2015 seria querer demais? Creio que não.

Ainda podemos estar dirigindo com as rodas no solo, mas isso não desmerece os incríveis avanços tecnológicos dos últimos trinta anos. O progresso da comunicação e do computador transformou fundamentalmente nossa vida, e os avanços na medicina não apenas a mudaram, mas a salvaram. Há um século, a gripe era a principal causa de morte nos Estados Unidos, e a expectativa de vida dos homens era de 46 anos.[39] Existimos em uma época de progresso extraordinário, e devemos agradecer a Deus por isso, mas a crença universal no progresso também influenciou a forma como muitos cristãos pensam sobre o futuro.

No capítulo anterior, entramos no Perisfério para dar uma espiada na culminação da narrativa cristã. Exploramos

---

39. BLODGET, Henry. What Kills Us: The Leading Causes of Death from 1900–2010. *Business Insider*, Nova York, 24 jun. 2012. Disponível em: http://www.businessinsider.com/leading-causes-of-death-from-1900-2010-2012-6?op=1. Acesso em: 24 jun. 2012.

a descrição bíblica de uma era vindoura onde a ordem, a beleza e a abundância alcançam a maturidade plena e onde todo o mal é erradicado — um mundo representado pela Cidade do Amanhã, a cidade-jardim de Deus. As perguntas, no entanto, permanecem: como chegaremos a esse mundo de amanhã? Qual é o caminho ordenado por Deus para que o mundo seja novamente cheio de *shalom*? Para muitos cristãos modernos, o caminho para a Cidade do Amanhã é o caminho do progresso contínuo.

Podemos traçar este caminho de volta ao ano de 1666, no dia em que Isaac Newton estava refletindo sobre o universo sob uma árvore em seu jardim. Ele observou uma maçã cair no chão e se inspirou a definir a lei da gravidade. Com o tempo, Newton observou e definiu inúmeras outras leis naturais que levaram a civilização ocidental a constituir um padrão diferente para o universo. O método científico, em vez da superstição, influenciou a cultura, e, com ela, nasceu a Era Moderna.

As descobertas de Newton, junto às de outras mentes do Iluminismo, deram início ao progresso onde ainda nos encontramos hoje. O advento da física mecânica trouxe consigo a máquina a vapor, que, por sua vez, inaugurou a Revolução Industrial. As cidades cresceram, as economias se expandiram e novas fronteiras foram exploradas em busca de matéria-prima. Eventualmente, a indústria criou dispositivos para a geração de eletricidade, desvendou os segredos das células vivas e descobriu até o poder do átomo. O Iluminismo também trouxe revoluções na esfera social. O pensamento progressista derrubou monarquias na Europa, e uma ousada e nova tentativa democrática foi lançada no Novo Mundo — uma república fundada sobre os princípios do Iluminismo chamada Estados Unidos da América.

O ritmo das mudanças científicas e sociais foi tão acelerado nesse período que muitas pessoas começaram a acreditar que o amanhã estava destinado a ser melhor do que o hoje. Essa era uma crença incomum no mundo pré-moderno, que via o cosmos como estático ou movido por ciclos históricos que se repetiam eternamente. A nova ideia de progresso estimulou a imaginação de mentes modernas como a do filósofo britânico Francis Bacon. Seu livro *Nova Atlântida*, de 1627, descreveu um futuro utópico marcado pela razão e pela ciência e uma civilização transformada por invenções. Bacon imaginava uma era de superalimentos e bebidas que proporcionariam longevidade e força sobre-humana, servos robôs, máquinas voadoras e novas espécies de animais criadas pelos cientistas. Ele rejeitou as ideias pré-modernas de salvação celestial, em favor de uma terra aperfeiçoada por meio das realizações humanas. A *Nova Atlântida* de Bacon era uma visão secular do futuro, na qual os cientistas assumiam o papel de sacerdotes servindo um templo de conhecimento humano.

A crença iluminista no progresso ganhou ainda mais força com a publicação de uma teoria nova e ousada proposta por Charles Darwin em 1859. *A Origem das Espécies* popularizou a noção de que a vida evoluiu de organismos simples para criaturas diversas e complexas que agora ocupavam o planeta. A teoria da evolução deu legitimidade científica à crença do progresso perpétuo. Se as bactérias viraram águas-vivas, e as águas-vivas viraram peixinhos, e os peixinhos viraram ratos, e os ratos viraram macacos, e os macacos viraram homens, então, em algum momento no futuro, os homens virariam... Super-homens. O progresso contínuo, como ditava a evolução, era inerente ao universo.

À medida que essas novas ideias começaram a se misturar com o cristianismo — que, vale lembrar, teve a sua origem no mundo pré-moderno —, o impacto foi explosivo. A religião tradicional foi desafiada por uma nova visão de mundo fundamentada na lei natural e na ciência. Os debates sobre a autoridade e a veracidade da Bíblia se acirraram, a ciência alimentou uma onda de anti-sobrenaturalismo e as doutrinas fundamentais da fé foram questionadas. Embora importantes, essas controvérsias estão além do escopo deste livro. Meu foco aqui é como a crença moderna no progresso influenciou o entendimento dos cristãos sobre o futuro e sua busca por significado no presente.

No século XIX, o Iluminismo elevou a Europa e o cristianismo europeu ao topo do poder global. Os estados ocidentais colonizaram grande parte do mundo, e o movimento missionário moderno começou a levar a fé cristã a todos os cantos do globo. A era do colonialismo, juntamente aos avanços ocorrendo em todas as áreas da vida e da indústria, levou muitos cristãos ocidentais a acreditarem que o mundo continuaria evoluindo até refletir a glória integral da cidade-jardim de Deus. Acreditavam que, com o passar do tempo, todo o planeta seria aperfeiçoado por meio da fé cristã e dos avanços da civilização. Uma vez que essa perfeição fosse alcançada, Cristo voltaria para reinar sobre a terra e cumprir a visão da Cidade do Amanhã.[40]

Quando uma visão cristã sobre o futuro se junta à crença moderna no progresso perpétuo, surge um caminho para a Cidade do Amanhã fundamentado na continuidade. Em outras palavras, essa junção sugere que existe uma progressão ininterrupta do mundo que ocupamos atualmente (marcado pelo caos, feiura e escassez) para o mundo do futuro (marcado pela ordem, beleza e abundância). A natureza selvagem desse mundo eventualmente evoluirá para a cidade-jardim, e os humanos estão conduzindo essa evolução. Assim como Francis Bacon defendeu há quatrocentos anos, a humanidade tem a responsabilidade de criar o mundo de amanhã por meio de sua própria inteligência e engenhosidade. Embora ele possa se desenvolver lentamente por meio da evolução, devemos ser os agentes desta revolução, trazendo mudança com intencionalidade e velocidade acelerada. Como o presidente Kennedy disse certa vez: "Nossos problemas são criados pelo homem e, portanto, podem ser resolvidos pelo homem".[41] Uma declaração mais moderna do que esta nunca foi dita.

A crença de que somos responsáveis pela criação da Cidade do Amanhã alimentou muitos ministérios e iniciativas cristãs. Os cristãos que promoveram a abolição da escravatura, os direitos das mulheres, a reforma

---

40. Essa visão do futuro é conhecida teologicamente como pós-milenarismo.
41. KENNEDY, John Fitzgerald. *Discurso de formatura da American University em 10 de junho de 1963*. Disponível em: https://www.jfklibrary.org/archives/other-resources/john-f-kennedy-speeches/american-university-19630610. Acesso em: 19 jul. 2021.

penitenciária, os cuidados com a saúde, a educação e as leis trabalhistas foram, em muitos casos, motivados por esse caminho progressivo. Acreditavam que era seu dever criar uma sociedade que rigorosamente aderisse à ética da fé cristã e que esse era o caminho para a transformação do mundo para o reino de Deus. William Wilberforce (1759-1833), talvez o mais célebre reformador social da história da Inglaterra, acreditava nisso. Ele afirmava que "a supressão do comércio de escravos" era um dos dois "grandes objetivos" de sua vida que havia sido proposto pelo Deus Todo-Poderoso.[42] Depois de décadas e grande sacrifício pessoal, Wilberforce finalmente conseguiu aprovar um projeto de lei no Parlamento para acabar com o comércio de escravizados. Ele via as reformas sociais promovidas por cristãos como instrumentos para a criação do mundo repleto do *shalom* apresentado na narrativa das Escrituras.

Acredito que você já saiba quão atraente é o caminho da evolução social para muitos cristãos. A crença no progresso contínuo é certamente uma visão cheia de esperança no amanhã e, para aqueles que anseiam por uma vida de propósito e significado, o chamado para remodelar o mundo na cidade-jardim de Deus definitivamente supre essa necessidade. A fé, entretanto, não está livre de desafios neste caminho para a *Igreja do Amanhã*.

---

42. WILBERFORCE, William, apud MEYER, Don. A Man Who Changed His Times: Part II. *HuffPost*, Nova York, 28 out. 2013. Disponível em: https://www.huffpost.com/entry/a-man-who-changed-his-tim_b_3829254. Acesso em: 19 jul. 2021.

O CARROSSEL

H. G. Wells é mais conhecido pelos seus romances de ficção científica *A Máquina do Tempo* (1895) e *A Guerra dos Mundos* (1898), mas também era um pensador profundamente moderno e um futurista influente, tendo escrito extensivamente sobre o glorioso destino que aguardava a humanidade. Sustentado pela sua crença na evolução e no progresso, Wells concluiu uma palestra em 1902 com a seguinte declaração otimista:

> *Tudo parece amparar a crença de que estamos entrando em um progresso que seguirá com passos cada vez mais largos e confiantes, para sempre [...]. Se nos importarmos de ponderar sobre isso, poderemos antever um conhecimento crescente, uma ordem crescente e uma melhora intencional do sangue e do caráter da raça [humana].*[43]

No entanto, 25 anos depois, o otimismo de Wells foi abalado. Em seu livro de 1945, *Mind at the End of Its Tether* (A mente ao fim de suas amarras, tradução livre), Wells falou sobre um amanhã mais sombrio:

> *Uma assustadora série de eventos forçou o observador inteligente a entender que a história humana já chegou ao fim e que o* Homo sapiens, *como gosta de se chamar, chegou à sua forma final.*[44]

---

43. WELLS, H. G. *The Discovery of the Future*: A Discourse Delivered to the Royal Institution on January 24, 1902. Westminster, CO: Ad Fontes Literature, 2018.
44. WELLS, H. G. *Mind at the End of Its Tether*. Portsmouth, NH: Heinemann, 1945.

O que aconteceu para desmantelar a crença de Wells no progresso sem fim? A Primeira Guerra Mundial. A Grande Guerra deixou a Europa em ruínas e com 37 milhões de mortos. As mesmas forças que levaram as pessoas a acreditarem no progresso — os avanços científicos e o imperialismo europeu — foram usadas para infligir uma devastação sem precedentes sobre a Terra. A ciência trouxe a eletricidade ao mundo, mas também produziu armas químicas. O colonialismo estava levando a civilização ocidental aos confins da terra, mas também incitou conflito entre impérios em uma escala nunca antes vista. A Primeira Guerra Mundial ainda é um dos conflitos mais letais da história da humanidade e abalou profundamente a crença da Europa no progresso.

O mesmo não aconteceu do outro lado do Atlântico. Os Estados Unidos entraram na guerra relativamente tarde. Os americanos foram responsáveis por apenas 2% das baixas aliadas, e a maioria de seus cidadãos estava longe da destruição vivida na Europa. Walt Disney, por exemplo, serviu como motorista de ambulância da Cruz Vermelha, mas não chegou à França até novembro de 1918 — o mesmo mês em que a guerra acabou oficialmente. No rescaldo da guerra, o poder europeu começou a diminuir e os impérios desmoronaram, mas a força americana começou a se expandir e sua sorte aumentou. Enquanto vários europeus estavam abandonando a crença no progresso, os americanos estavam a abraçando.

Disney foi um deles. Voltou da Europa ainda crendo em um *Great Big Beautiful Tomorrow*, a música tema do que viria a ser um de seus projetos mais estimados. Meio século depois, o otimismo de Disney estava em plena exibição na Feira Mundial de Nova York de 1964, onde exibiu seu Carrossel do Progresso, o qual levou seus visitantes a uma jornada pelos avanços vivenciados pela típica família americana ao longo de cem anos e previu dias ainda melhores.[45]

Não sei se Walt Disney chegou a ver a ironia do nome de sua atração, mas capta o paradoxo no cerne do caminho da evolução para a Cidade do Amanhã. O progresso pressupõe um avanço linear, ou seja, a tecnologia, a sociedade e a qualidade de vida estão destinadas a melhorar com o tempo. Um carrossel, por outro lado, é projetado para repetir seu curso em ciclos infinitos. O que vai volta, o que dificilmente pode ser considerado progresso.

Esse paradoxo do progresso foi o que deixou H. G. Wells e tantos outros modernistas tão desiludidos. No século XX, o progresso havia alcançado vários campos e grandes melhorias eram evidentes na vida de milhões, mas as deficiências mais básicas da raça humana se mostraram frustrantemente resistentes à mudança. A ganância, o preconceito, o medo e a inveja não puderam ser removidos da população tão facilmente quanto a poliomielite ou a pobreza; males que se manifestaram da forma mais horrível possível em duas guerras mundiais, genocídios, Guerra

---

45. O Carrossel do Progresso da Disney foi transferido depois da Feira Mundial de 1964 para a Disneylândia na Califórnia e, em seguida, para o parque *Magic Kingdom* da Walt Disney World na Flórida em 1973. Foi atualizado várias vezes, mas grande parte da atração permanece igual à versão original de Disney. O Carrossel do Progresso detém o recorde como o show em palco mais antigo da história do teatro americano.

Fria e na ameaça de um holocausto nuclear. Embora o século passado tenha sido de progresso tecnológico sem paralelo, foi também o mais violento. Um estudo estima que 200 milhões de pessoas morreram em conflitos armados entre 1900 e 2000.[46] A exploração humana não se saiu melhor. Wilberforce pode ter acabado com o envolvimento britânico no comércio de escravizados em 1807, mas hoje existem 27 milhões de escravizados no mundo — mais do que em qualquer momento da história.[47]

Esses fatos fazem com que a promessa de uma evolução inevitável em direção a um futuro glorioso seja difícil de ser aceita. A modernidade mostrou que podemos melhorar a sociedade além da vida estática e sombria da Idade Média, mas nossa capacidade de criar a Cidade do Amanhã por meio da nossa própria vontade e engenhosidade é outra questão. Parece que, quanto mais as coisas evoluem, mais evidente a nossa natureza pecaminosa se torna. A brutalidade e a injustiça que atribuímos às eras passadas não são menos potentes em nossos tempos tecnológicos; simplesmente nos tornamos mais sofisticados em suas expressões. "A história não se repete", alguém disse certa vez, "mas ela rima". É por isso que o caminho da evolução falha em nos oferecer uma esperança duradoura. O progresso é real, mas também são os ciclos intermináveis da crueldade e da injustiça humana que mancham o nosso mundo.

---

46. TILLY, Charles. *The Politics of Collective Violence*. Cambridge: Cambridge University Press, 2003, p. 55.
47. BALES, Kevin. *Disposable People*. Berkeley: University of California Press, 1999, p. 8.

OS CRUZADOS

Após os eventos que abalaram o progresso do século XX, menos cristãos creem que o mundo está evoluindo continuamente em direção à perfeição, mas muitos ainda acreditam que seu propósito pessoal seja transformar o mundo. Conforme observado anteriormente, pela perspectiva histórica, os cristãos ocidentais foram os pioneiros nos avanços na educação, na saúde e nos direitos humanos. Muitos dos valores sociais justos e compassivos que consideramos normais nos dias de hoje foram cultivados por ativistas cristãos em épocas passadas. Assim como os avanços da ciência e da tecnologia trouxeram o bem ao nosso mundo, o ativismo social é um valor igualmente digno de celebração; mas também carrega um perigo oculto — especialmente para aqueles de minha geração que consideram esse chamado particularmente atraente.

Considere a pesquisa feita por Andy Crouch, que teorizou que o interesse em causar um impacto global estava aumentando entre os jovens; ele, então, pesquisou no banco de dados da biblioteca da Universidade de Harvard títulos de livros contendo diversas ocorrências da expressão "mudar o mundo". O número de livros publicados entre 2000 e 2010 com esta frase em seu título era mais que o dobro do número publicado na década de 1990 e cinco vezes maior do que todos os livros publicados entre 1900 e 1989.[48] Parece que todo mundo desejava e

---

48. CROUCH, Andy. Why We Can't Change the World. *Q Talk*. Disponível em: http://www.qideas.org/video/why–we–cant–change–the–world.aspx. Acesso em: 27 jul. 2012.

deseja "mudar o mundo", mas, para muitos cristãos, esse chamado foi dissociado de uma visão otimista da história. Em uma reviravolta estranha, grande parte do engajamento social cristão, hoje, é movido pelo pessimismo, e não pelo otimismo, e a Primeira Guerra Mundial também desempenhou um papel sobre essa mudança.

Estudando as mudanças de visão dos cristãos em sua época, George Marsden escreveu:

A Primeira Guerra Mundial produziu entre muitos evangélicos conservadores um sentimento de crise em relação à revolução moral e uma preocupação renovada com o bem-estar da civilização (...). A civilização alemã foi retratada como a essência da barbárie durante a guerra, apesar de sua forte herança cristã. Será que o mesmo poderia acontecer aqui? Os fortes ventos de mudança sugerem que sim.[49]

Muitos cristãos não queriam mais transformar a sociedade porque tinham esperança de evoluir para a cidade-jardim de Deus, mas sim porque temiam involuir a uma cultura dominada por valores anticristãos.

James Davidson Hunter, autor de *To Change the World: The Irony, Tragedy, and Possibility of Christianity in the Late Modern World* (Para mudar o mundo: a ironia, a tragédia e a possibilidade do cristianismo no mundo moderno atual, tradução livre), descreve os esforços atuais para transformar a sociedade desta forma:

---

49. MARSDEN, George Mish. *Understanding Fundamentalism and Evangelicalism*. Grand Rapids: Eerdmans, 1990, p. 59.

A retórica da mudança do mundo origina-se de uma profunda angústia de que o mundo está mudando para pior e de que devemos agir com urgência. Há uma sensação de pânico de que as coisas estão desmoronando. Se não respondermos agora, perderemos as coisas que mais valorizamos. O que alenta essa conversa é o desespero por se apegar a algo em um mundo que não faz mais sentido.[50]

Quer falemos sobre o medo atual de retrocesso ou sobre a crença anterior no progresso, um elemento deste caminho para a Cidade do Amanhã permanece firme: aqueles que buscam e realizam mudanças sociais são celebrados. Se você deseja que sua vida tenha relevância, se está buscando significado e propósito no presente, você precisa se dedicar à transformação do mundo para Cristo. Apesar da história infame das cruzadas, eu costumo chamar aqueles que sustentam essa visão de "cruzados". Encontram sua importância na busca de uma missão divina para transformar o mundo. Esses cruzados, assim como as mudanças que trazem, merecem ser celebrados. Você pode imaginar um mundo privado da influência de um William Wilberforce, de uma Elizabeth Cady Stanton ou de um Martin Luther King Jr.? Frequentemente, os ativistas cristãos têm papéis proféticos e transformadores na sociedade, mas e quanto a todos os outros?

Como será que um dentista, um carpinteiro ou uma pessoa que cuida de seu lar pode encontrar significado

---

50. HUNTER, James Davidson.. Faithful Presence. [Entrevista concedida a] Christopher Benson. *Christianity Today*, Carol Stream, IL, 14 mai. 2010. Disponível em: http://www.christianitytoday.com/ct/2010/may/16.33.html?start=1. Acesso em: 14 maio 2010.

e propósito? Será que arrancar um dente, consertar um telhado ou trocar uma fralda pode ter importância real se o propósito do cristão é a transformação social? Como esses seguidores de Cristo podem encontrar seu significado? Será que para encontrar significado eles precisam dar o seu tempo de sobra e energia para "a causa", seja ela qual for? Ou será que o significado verdadeiro só pode ser encontrado quando abandonamos esses chamados para nos tornarmos cruzados em busca de algo que realmente tem valor? Quando o objetivo do cristianismo se torna desenvolver a sociedade (ou evitar sua decadência), damos importância somente àquilo que causa um impacto mensurável e duradouro no mundo. Esse fato pode colocar um fardo pesado sobre aqueles que buscam uma vida significativa e desanimar por completo aqueles que não conseguem dedicar mais tempo e finanças às causas culturais cristãs.

Assim como o chamado para a transformação do mundo cresceu em volume nos últimos anos, tem sido fascinante ver seu efeito entre meus colegas de vocação. Tenho visto meus amigos entrarem no ministério pastoral com o desejo de fazer a diferença e depois abandonarem o ministério pelo mesmo motivo. Alguns concluem que a igreja não carrega mais influência cultural suficiente para catalisar mudanças, então saem do pastorado para ingressar em uma empresa, uma organização sem fins lucrativos ou, em um caso, um cargo governamental em busca de uma carreira que realmente impacte o mundo. Quinze anos atrás, quando comecei a frequentar reuniões pastorais, os temas frequentes de nossas conversas eram relacionados a técnicas de pregação ou algum currículo novo de discipulado. Às vezes, alguns se aventuravam a falar sobre a implantação de mais um culto de adoração ou de uma nova congregação. Não existiam conversas sobre política ou questões sociais. Esse não é mais o caso. As conferências ministeriais de hoje provavelmente dedicarão tempo para discutir tanto a pobreza, o tráfico sexual ou o cuidado ambiental quanto o crescimento da igreja. Antigamente, o pastor de uma megaigreja era o convidado mais ilustre, mas essa distinção agora é conferida ao pastor urbano com meia dúzia de ONGs afiliadas ao seu nome. A principal pergunta não é mais "quantos membros têm a sua igreja?", mas sim "qual é o impacto de seu ministério?".

Em grande parte, eu recebo e comemoro essa mudança. Precisamos enxergar além das paredes da igreja, mas ainda devemos reconhecer que, nesta expressão do cristianismo, nem todos recebem reconhecimento pelo que fazem. O trabalho de muitos não é reconhecido. A mulher que organiza uma campanha para o cadastro de novos eleitores? Sim. A mulher que ensina alunos do sexto ano do ensino fundamental a cantar em harmonia? Não. O homem que lidera uma organização sem fins lucrativos para resgatar prostitutas das ruas? Sim. O homem que dirige uma mecânica com fins lucrativos? Não. O ministro que está organizando um boicote a uma empresa envolvida em trabalho infantil no exterior? Sim. O ministro que ouve e ora pelos pacientes no hospital local? Não.

Assim como em *Nova Atlântida,* de Francis Bacon, onde os sacerdotes da ciência eram os mais celebrados, as comunidades cristãs dedicadas ao caminho da evolução também têm uma hierarquia de importância, com os cruzados sociais no topo da pirâmide. Para todos os outros, seu próprio propósito permanece indefinido. Às vezes, eles têm vislumbres de seu valor quando se voluntariam à alguma causa maior, mas não conseguem conceber seu propósito ou valor em sua existência corriqueira. Portanto, para a maioria dos cristãos, o caminho da evolução não oferece uma vida de dignidade e significado, porque seu trabalho neste mundo não acarreta mudanças duradouras e, assim, não tem importância em última instância. O verdadeiro valor e dignidade estão reservados àqueles que estão na linha de frente das cruzadas culturais.

O CAMPO DE BATALHA

Qual é o destino do caminho da evolução? Se nos aventurarmos por esse caminho até a Cidade do Amanhã, o que iremos encontrar? Será que veremos a cidade-jardim que desejamos — um mundo renovado de ordem, beleza e abundância? Ou será que encontraremos o deserto atual do mundo, sem sinais de qualquer transformação real? Infelizmente, em vez de um jardim, ou mesmo um deserto, o caminho da evolução social nos leva a um campo de batalha devastado pela guerra.

Quando cremos que temos a responsabilidade de remodelar a sociedade para criar o mundo de amanhã, a pergunta que precisa ser respondida é: qual amanhã? O futuro que eu quero ou o futuro que você quer?

Invariavelmente, o desejo de criar e controlar o futuro leva ao conflito, uma vez que indivíduos e tribos lutam para impor suas próprias visões do amanhã sobre os outros. O colonialismo, como já foi mencionado, foi um aspecto da modernidade que mudou o mundo. Os estados europeus tomaram posse de outras nações com o objetivo de impor sua visão e valores sobre os povos ocupados. Os conflitos e efeitos resultantes do colonialismo ainda repercutem no mundo de hoje.

Essa qualidade do caminho da evolução também exige que rotulemos as outras pessoas como aliadas ou inimigas da nossa missão de impactar o mundo. Considere as palavras infames de Jerry Falwell após os ataques terroristas do 11 de Setembro: "Eu realmente acredito que os pagãos, os abortistas, as feministas, os gays e as lésbicas que estão tentando ativamente fazer destes um estilo de vida alternativo, a União Americana pelas Liberdades Civis (ACLU), o People For the American Way (Povo pelo estilo americano), todos eles que tentaram secularizar América. Aponto o dedo na cara deles e digo 'você contribuiu para isso acontecer'".[51]

Como líder da *Moral Majority* (Maioria Moral), Falwell vinha lutando há décadas para transformar os Estados Unidos em um país que refletisse mais adequadamente seus valores cristãos. Aqueles que buscavam um futuro mais secular, portanto, foram categorizados como inimigos

---

51. FALWELL apologizes to Gays, Feminists, Lesbians. *CNN.com*, Atlanta, 14 set. 2001. Disponível em: https://edition.cnn.com/2001/US/09/14/Falwell.apology/. Acesso em: 20 jul. 2021.

e obstáculos para o futuro que acreditava ter sido ordenado por Deus. Esse tipo de retórica, independentemente de qual lado da guerra cultural que venha, não nos aproxima da *Igreja do Amanhã*. Não cultiva o *shalom*. Em vez disso, suscita mais medo, raiva e contenda; transforma o deserto ameaçador do mundo em um campo de batalha letal, onde o vencedor leva tudo e o valor de um indivíduo é determinado pelo seu apoio ou obstrução do futuro que estou tentando construir.

O fruto amargo desse caminho se tornou evidente para mim durante uma reunião nos arredores de Washington, DC alguns anos atrás. Fui convidado para participar de dois dias de diálogo entre líderes religiosos conservadores e defensores nacionais dos direitos dos homossexuais. Diferente de mim, a maioria das pessoas presentes na sala de reunião havia passado anos lutando entre si sobre a legalização do casamento de pessoas do mesmo sexo. Um lado visualizava um futuro com a definição tradicional de família (marido, esposa e filhos); o outro procurava expandir as proteções legais do casamento para incluir casais do mesmo sexo. A raiva e as feridas exibidas por ambos os lados nesta reunião extraoficial não foram causadas pelo fato de um dos lados ter convicções diferentes do outro sobre um assunto complexo. O pior dano foi causado porque um grupo via o outro como uma barreira para o futuro "ideal" do país. Nenhum lado expressou isso explicitamente, mas a mensagem era clara: *o futuro da nossa sociedade seria muito melhor se você não fizesse parte dele.*

A maioria dos participantes da reunião não usou o seu tempo para expressar suas opiniões ou para convencer os outros da superioridade moral de sua posição. Em vez disso, muitos expressaram a dor e a amargura de terem sido rotulados pelo campo oposto. Palavras como *intolerante, ímpio, depravado e homofóbico* foram mencionadas como a razão das feridas profundas e duradouras por ambos os lados. Décadas de raiva e cicatrizes vieram à tona, às vezes acompanhadas por lágrimas. Os xingamentos e rótulos de desprezo usados por ambos os lados eram considerados justificáveis porque aqueles do outro lado eram "inimigos"; deveriam ser derrotados com uma força política, cultural e econômica avassaladora para alcançar um "bem maior". Afinal, se o outro lado ganhasse, o progresso (como cada lado o definia) seria perdido.

O que os dois lados da guerra cultural esquecem é que quando rotulamos uma outra pessoa ou um grupo como "inimigo" por se opor à nossa visão do futuro também reduzimos o seu valor. Diminuímos, pelo menos aos nossos olhos, um pouco de seu valor inerente dado por Deus ao vê-los como objetos a serem removidos ao invés de pessoas a serem amadas. Sempre que rebaixamos o valor das pessoas criadas à imagem de Deus, falhamos em nos aproximar do *shalom*; não estamos nos aproximando da *Igreja do Amanhã*.

Junto a esse campo de batalha, encontramos o uso de força e coerção mundanas para cumprir a meta da transformação social. Colocando de forma simples: o caminho da evolução cria agressores. Se a nossa missão é dar forma e controlar o futuro, seremos tentados a acreditar precisamos assumir as alavancas do poder em Washington, Hollywood, Wall Street, para podermos conduzir a cultura na direção que Deus deseja; afinal de contas, Deus não iria preferir que estivéssemos no controle dessas alavancas ao invés de nossos inimigos? Se tivermos mais poder, dizemos a nós mesmos, poderemos impor nossos objetivos e forçar todos a se submeterem à nossa visão do futuro. Quando acreditamos que a nossa visão é a correta, ou quando acreditamos que ela foi dada por Deus, nunca consideraremos nossas táticas como sendo "intimidação". Os *bullies* são pessoas más, mas nós temos as melhores das intenções. É claro que Hitler, Stalin, Mao e Pol Pot também estavam tentando criar sociedades perfeitas. De acordo com seus pontos de vista, e da perspectiva de seus seguidores, eles também tinham boas intenções. É por isso que, como diz o ditado, o inferno está cheio delas.

Isso não quer dizer que o poder não possa ser usado para o bem. Líderes humildes e piedosos como Wilberforce mostraram que o *shalom* pode ser cultivado quando o poder se encontra nas mãos dos servos de Cristo. No entanto, muitas vezes o poder, principalmente quando usado para silenciar os oponentes, pode resultar em danos não intencionais. Usar dispositivos mundanos para alcançar um futuro mais piedoso foi a tática usada pela Maioria Moral de Falwell. O grupo se tornou uma peça-chave dentro do Partido Republicano nas décadas de 1970 e 1980, e muitos acreditam que sua influência continuou a ser sentida até o século XXI. Contudo, Ed Dobson, um dos deputados de Falwell, tem uma avaliação mais sóbria de sua influência:

> *Será que a Maioria Moral trouxe alguma diferença real? Durante o auge da Maioria Moral, estávamos recebendo milhões de dólares por ano. Tínhamos uma revista, organizamos seccionais estaduais, pressionamos o congresso, transmitimos um programa de rádio e muito mais. Funcionou? Será que a condição moral da América é melhor agora por causa de nossos esforços? Mesmo uma observação casual do clima moral atual sugere que, apesar de todo o tempo, dinheiro e energia gastos — apesar do poder político — falhamos. As coisas não melhoraram, pioraram.*[52]

O que Dobson e outros cruzados culturais cristãos aprenderam é que você pode vencer uma batalha, e ainda assim perder a guerra. Depois de trinta anos de ativismo partidário cristão nos Estados Unidos, os jovens passaram a ver os cristãos não como um povo cheio de esperança, amor e caridade, mas sim, como homofóbicos, hipócritas e extremistas políticos.[53] Em vez de transformar os Estados Unidos em uma nação mais temente a Deus, a pesquisa conduzida por David Campbell e Robert Putnam encontrou uma correlação direta entre o aumento do secularismo em meio aos jovens adultos e as cruzadas políticas

---

52. THOMAS, Cal; DOBSON, Ed. *Blinded by Might*: Why the Religious Right Can't Save America. Grand Rapids: Zondervan, 2000, p. 46.
53. LYONS, Gabe; KINNAMAN, David. *UnChristian*: What a New Generation Really Thinks about Christianity... and Why It Matters. Colorado Springs: Baker, 2007, p. 41, 91, 153.

dos cristãos conservadores.[54] As pessoas que nasceram depois de 1980 nos Estados Unidos conheceram apenas uma igreja politizada; só conheceram os cruzados cristãos em praça pública carregando os valores beligerantes do progresso, e não se comoveram.

O caminho da evolução tem suas raízes no pensamento moderno, uma crença no avanço perpétuo da civilização e da raça humana, que nos convida a participar de uma revolução para tornar a *Igreja do Amanhã* uma realidade. O progresso, no entanto, ofereceu uma falsa esperança. Em vez de uma evolução interminável, a história mostrou que somos incapazes de mudar as qualidades que sempre assombraram nossa natureza pecaminosa; e ao invés de oferecer significado e propósito a todos, este caminho celebra apenas os cruzados culturais que visivelmente transformam o mundo. A maioria de nós está confinada a uma vida de relativa inutilidade enquanto nos ocupamos com chamados inferiores.

Talvez ainda mais desanimador, trilhar o caminho da evolução faz do mundo um lugar mais perigoso e fragmentado, um campo de batalha com cada tribo lutando por sua própria visão do amanhã. Ao longo do último século, esse caminho para a *Igreja do Amanhã* revelou suas deficiências. Infelizmente, o caminho alternativo escolhido por muitos cristãos não se saiu melhor.

---

54. CAMPBELL, David E.; PUTNAM, Robert D. God and Caesar in America, *Foreign Affairs*, Março/April 2012. Disponível em: http://www.foreignappfairs.com/articles/137100/david-e-campbell-and-robert-d-putnam/god-and-caesar-in-america. Acesso em: 20 jul. 2021.

CAPÍTULO IV
EVACUAÇÃO

O NAUFRÁGIO

O objetivo de qualquer aviso é provocar uma ação, mas nem todos os avisos carregam consigo o mesmo senso de urgência. Por exemplo, quando a luz de "verifique" do motor acende no painel do meu carro, eu sei que ainda posso esperar alguns dias sem ter qualquer problema, ou até mesmo uma semana, até precisar lidar com a situação. Da mesma forma, a biblioteca pública da minha área gentilmente manda uma mensagem quando está na hora de devolver os livros que peguei, mas geralmente ainda tenho pelo menos cinco dias antes que alguma multa seja cobrada. No entanto, quando a minha filha de quatro anos me avisa que precisa ir ao banheiro ela não está dizendo: "Estou me sentindo um pouco desconfortável. Você pode me levar no banheiro quando puder?" O que a Lucy quer dizer é: "Vou defecar nas minhas calças em cinco... quatro... três..." Seu aviso carrega a mais alta urgência. Todas as outras tarefas são deixadas de lado enquanto procuramos o banheiro mais próximo e a carregamos para longe dos espectadores vulneráveis.

A Bíblia traz algumas advertências sobre o juízo final de Deus sobre o mundo e as calamidades que o acompanharão. Durante alguns períodos da história, os avisos foram amplamente ignorados ou mitificados a ponto de serem totalmente desconsiderados. No entanto, para muitos cristãos nos dias atuais, essas advertências carregam a mais alta urgência. Livros e sermões populares sobre o fim dos tempos estão rodeados de imagens de chamas e destruição e suas mensagens podem ser resumidas em imperativos simples, porém assustadores: prepare-se! Salve-se! Arrependa-se! Uma descrição do futuro que ouvi repetidamente quando jovem, apresentava o mundo como um lugar cheio de pessoas vendadas caminhando em direção a um penhasco. "Eles estão caminhando para a destruição", o pregador pressionava sua audiência, "a menos que você intervenha!" Isso prende a nossa atenção e exige uma resposta imediata.

Essas advertências alarmantes sobre o futuro contrastam com a mensagem do caminho da evolução. Se você ainda se lembra, o caminho da evolução prega sobre uma melhora gradual do mundo por meio da intervenção humana. Esse caminho para a *Igreja do Amanhã* afirma que nossa tarefa não é resgatar as almas da destruição, mas, sim, melhorar o mundo por meio da razão e da engenhosidade. É uma marcha gradual para um amanhã glorioso. Ainda assim, no início do século XX, quando a civilização ocidental começou a questionar sua crença no progresso perpétuo, mais e mais cristãos abandonaram essa visão. Passaram a acreditar que o mundo estava se deteriorando a um caos moral e espiritual e, portanto, provocando o juízo divino. O fim estava próximo, como avisaram tantos evangelistas de rua vestindo um cartaz-sanduíche e nossa única tarefa era se arrepender e ser salvo. Esta é a visão simplificada por trás do segundo caminho para a *Igreja do Amanhã* — a evacuação.

Esse caminho mais alarmante é apresentado em uma parábola escrita por Rev. Dr. Theodore O. Wedel em 1953, que encontrou seu lugar no cânon não-oficial do Cristianismo estadunidense. Buscando ilustrar a tendência da igreja de se desviar de sua missão, o Dr. Wedel a comparou a uma estação salva-vidas em uma costa traiçoeira, onde naufrágios eram comuns. "Lá encontramos uma cabana simples e apenas um barco", escreveu, "mas os poucos membros fiéis mantêm vigilância constante sobre o mar e, sem pensar em si mesmos, saem dia e noite, incansavelmente, em busca dos perdidos."[55] Exploremos a mensagem central da parábola do Dr. Wedel um pouco mais adiante, primeiro, vamos analisar o que sua metáfora insinua sobre a natureza do mundo. Se vemos a igreja como uma estação salva-vidas, precisamos ver o mundo como um navio afundando e seus habitantes como passageiros em perigo.

Apesar de os cristãos com este entendimento afirmarem o propósito original do mundo, agora o veem como uma causa perdida semelhante ao *Titanic* após bater no iceberg. Nenhum esforço humano vai manter o mundo à tona; o seu destino está selado. Acreditam que o mundo será totalmente destruído e abandonado por Deus. Como já foi mencionado, o caminho da evolução acredita na

---

55. WEDEL, Theodore O. Evangelism — the Mission of the Church to Those Outside Her Life, *Ecumenical Review*, Out. 1953, p. 24.

continuidade entre este mundo e o próximo, ou seja, o mundo atual irá gradualmente se tornar a cidade-jardim de Deus. O caminho da evacuação, em contraste, baseia-se na descontinuidade — a visão de que nada do mundo presente durará a não ser as almas daqueles que forem resgatados da destruição. Tudo o que Deus criou no início será destruído e substituído por uma criação inteiramente nova e perfeita. De acordo com esse caminho, Deus apertará o botão de *reset* do universo e reiniciará a criação. O velho e desgastado mundo será jogado fora e substituído por um novo. Neste cenário, a *Igreja do Amanhã* é alcançada abandonando o mundo presente, assim como fazem os passageiros de um navio afundando.

A FUGA

No último século, esse caminho sinistro para o futuro passou a dominar grande parte do evangelicalismo americano e a maneira como muitos cristãos se relacionam com o mundo. Se o mundo for totalmente destruído, a nossa separação é a única resposta lógica. Fuja do navio que está afundando ou afunde com ele.

O caminho da evacuação parece carecer de toda a esperança e otimismo que tornou o caminho da evolução tão encantador. por que tantos cristãos acham essa mensagem de condenação atraente então? Existem muitos fatores pessoais e sociais, mas um dos mais fortes é a promessa de segurança. O ponto central da evacuação é a crença de que os cristãos serão completamente poupados da dor e do sofrimento que aguardam o resto da humanidade. Antes que qualquer julgamento seja derramado sobre a terra, aqueles que pertencem a Cristo serão removidos do planeta em um evento popularmente conhecido como "arrebatamento". Depois que seu povo for removido em segurança, Deus poderá, então, julgar e destruir a terra. Embora a teologia da evacuação enfatize o declínio e a destruição do mundo, ela ainda apresenta uma pequena esperança: a esperança de fuga.

O apelo desse caminho para a *Igreja do Amanhã*, no entanto, vai além da esperança de fuga. Não podemos separar a crescente popularidade dessa visão da realidade do fracasso do caminho da evolução. Conforme observamos no capítulo anterior, a promessa de progresso perpétuo se mostrou inútil frente às Guerras Mundiais e os horríveis conflitos que marcaram o século xx, convencendo muitos cristãos de que o mundo estava piorando e não o oposto. Dois fatores adicionais acrescentaram credibilidade ao caminho da evacuação para o futuro. Primeiro, o estabelecimento do estado moderno de Israel em 1948 foi usado por adeptos de um sistema específico de interpretação bíblica que enfatizava a evacuação como prova de que estavam vivendo nos últimos dias.[56]

---

56. A estrutura teológica mais frequentemente associada a esta perspectiva é conhecida como "pré-milenismo dispensacionalista". O dispensacionalismo foi popularizado no século xx nos Estados Unidos com a *Bíblia de Estudo Scofield*, que ensina que o relacionamento de Deus com a humanidade opera de forma diferente em vários períodos da história. Também defende que Deus tem um plano distinto para Israel, à parte da igreja. O pré-milenismo acredita que Cristo retornará à terra antes do reinado de paz de mil anos mencionado em Apocalipse 20. Juntos, esses dois sistemas teológicos ensinam que a igreja será "arrebatada" da terra antes que ocorra um tempo de terrível tribulação. Com a igreja removida, Israel será mais uma vez o foco da ação de Deus no mundo. E, então, Cristo retornará.

Em segundo lugar, o desenvolvimento de armas nucleares e a subsequente Guerra Fria alimentaram pesadelos sobre a aniquilação global. Pela primeira vez na história, a destruição de toda a vida na Terra não era apenas humanamente imaginável, mas também possível. Dado o histórico disfuncional de nossa espécie com a tecnologia, parecia inevitável que empregássemos esse novo poder na destruição do planeta mais cedo ou mais tarde.

Essas realidades sem precedentes fizeram com que muitos cristãos acreditassem que o fim estava realmente próximo e que este mundo estava à beira da destruição — seja por um holocausto nuclear, pela ira de Deus ou ambos. Essa mensagem foi popularizada no livro best-seller *A Agonia do Grande Planeta Terra* de Hal Lindsey. A autora conectou a profecia bíblica aos eventos atuais e concluiu que o Dia do Juízo estava próximo. Embora não tenha sido a primeira voz a oferecer tal previsão, a ocasião do lançamento do livro de Lindsey durante o auge da Guerra Fria gerou grandes vendas e lançou a indústria do Armagedom. Livros, filmes, programas de rádio e ministérios sobre o fim dos tempos proliferaram nas décadas de 1970 e 1980. Uma geração inteira de cristãos se convenceu de que seriam os últimos a ocuparem a terra. Em 1993, uma pesquisa nacional descobriu que 20% dos americanos acreditavam que a segunda vinda de Cristo aconteceria perto do ano 2000.[57]

---

57. BERLET, Chip. End Times as a Growth Industry, *PBS Frontline*, Arlington County, VA. Disponível em: http://www.pbs.org/wgbh/pages/frontline/shows/apocalypse/readings/endtime.html. Acesso em: 24 aug. 2021.

A esperança de escapar da dor e do sofrimento profetizados para o fim dos dias motivou muitos cristãos a se desconectarem do mundo ao seu redor. Por que se preocupar com a arte, o governo, o meio ambiente, a ciência ou os males sociais se a Terra em breve será destruída e substituída por uma melhor? Dedicar energia a essas coisas é o mesmo que reorganizar as espreguiçadeiras do *Titanic*. Como resultado, muitos cristãos brancos permaneceram desconectados das cruzadas sociais no século xx.[58] Essa mentalidade levou Oliver Wendell Holmes a comentar: "Algumas pessoas têm uma mente tão celestial que acabam inúteis na terra".[59] Essa atitude persistiu em grande parte da igreja americana até a legalização do aborto em 1973, quando uma nova geração de cruzados culturais foi convocada — essa tendência foi discutida no capítulo anterior. No entanto, mesmo esses cruzados acharam incrivelmente difícil mobilizar cristãos adeptos à teologia de evacuação para a ação social.

A acusação de que os cristãos comprometidos com a evacuação são "inúteis na terra" pode ser muito severa. Enquanto aguardam ansiosamente pelo seu resgate final no arrebatamento, alguns foram cuidadosos o suficiente para preparar aqueles que serão deixados para trás. Um seguidor do caminho da evacuação, por exemplo, desenvolveu "O Guia de sobrevivência pós-arrebatamento", com

---

58. A ausência de cristãos brancos foi perceptível durante o movimento pelos direitos civis, um fato que continuou a prejudicar as relações entre cristãos anglo-americanos e afro-americanos nos Estados Unidos.
59. Esta citação é frequentemente atribuída a Oliver Wendell Holmes, mas nenhuma fonte original foi localizada.

materiais para aquelas almas infelizes que não estão preparadas para o fim dos tempos. Escreveu:

> *Eu vou ser bem honesto com você. Se você está lendo este manual e o arrebatamento já ocorreu, você provavelmente não sobreviverá fisicamente; você provavelmente morrerá. Este manual é sobre a sobrevivência de sua alma. Você vai passar por um sofrimento terrível. A única dúvida é se você irá para o céu ou para o inferno quando morrer.*[60]

O escritor reflete a essência da crença no arrebatamento da teologia da evacuação e sua ligação com a descontinuidade. Está focado na própria fuga e na "sobrevivência de sua alma", nada mais.

O CLERO

As diferentes visões do futuro influenciam como nos relacionamos com o mundo, pois nos trazem esperança e propósito. No caminho da evolução, a esperança vem da capacidade humana de melhorar o mundo e nosso propósito é transformar a terra na *Igreja do Amanhã*. No caminho da evacuação, como já vimos, encontramos esperança na fuga. O mundo será destruído e a única esperança é ser arrebatado por Deus antes que ele bata o martelo em seu juízo. Essa visão de fuga também define nosso senso de propósito. Se nada além das almas dos redimidos

---

60. SELAND, Kurt. The post rapture survival guide. *Rapture Ready*, 27 jan. 2019. Disponível em: https://www.raptureready.com/2016/07/19/the-post-rapture-survival-guide/. Acesso em: 05 set. 2021.

perdurará além deste mundo, então a única obra que pode ter qualquer tipo de relevância é aquela voltada para a salvação de almas. Por isso, as pessoas mais celebradas, segundo esse caminho, são aquelas que dedicam sua energia em tempo integral ao resgate dos perdidos. Se você realmente deseja que sua vida tenha alguma relevância, como dita o caminho da evacuação, o ministério é a única obra que pode oferecer satisfação eterna.

Em muitas comunidades cristãs que aderem ao caminho de evacuação, há uma hierarquia implícita — e às vezes explícita — de valor com base no trabalho de cada pessoa. No topo, estão os missionários transculturais. Eles se entregaram totalmente à tarefa de resgatar almas e aceitaram o desafio de realizar a tarefa em um ambiente estrangeiro, muitas vezes com grande risco e desconforto pessoal. Logo abaixo desta escala estão os pastores que servem a igreja local em tempo integral para salvar os perdidos e edificar os redimidos. Se você não é pastor ou missionário, ainda assim poderá encontrar alguma forma de valor se usar o seu tempo de sobra e dinheiro extra para sustentar o trabalho deles. Já ouvi muitas vezes que todo cristão deve "ir, dar ou orar". Se você mesmo não está envolvido na obra, pelo menos apoie o trabalho dos outros doando dinheiro e orando por aqueles que estão fazendo a obra que você não está.

A ênfase obstinada em resgatar almas comunica à maioria dos cristãos que seu trabalho no mundo não é importante. Se você é professor, dentista, artista ou mecânico, isso é irrelevante para Deus e seu reino.

Consequentemente, as tarefas que ocupam a maior parte do seu tempo e, portanto, a maior parte da sua vida, não têm valor se o mundo vai queimar por completo. Na melhor das hipóteses, você pode agir como um pastor ou missionário em seu ambiente de trabalho. Compartilhe sua fé com um colega de trabalho. Convide-o para ir à igreja. Comece um estudo bíblico na hora do almoço no escritório. Dê um pouco mais do seu salário ao trabalho missionário. Ocasionalmente, você conseguirá algum senso de valor se conseguir usar a sua profissão dentro de uma organização cristã. Ser contador em um banco local pode não ser importante, mas ser contador em um ministério cristão local o deixa um passo mais próximo de fazer o verdadeiro "trabalho do reino".

Um pastor em Boston contou a história de uma mulher em sua congregação, advogada na Agência de Proteção Ambiental. Ela desempenhou um papel vital na limpeza do porto de Boston — uma das vias fluviais mais poluídas do país — mas o pastor disse: "O único tipo de reconhecimento que demos a ela como igreja foi pelo seu papel como professora da escola dominical para as crianças do segundo ano do Ensino Fundamental. E, claro, devemos celebrar os professores da escola dominical, mas por que nunca valorizamos a sua incrível contribuição para a nossa cidade como uma cristã que está cuidando da criação de Deus?"[61]

---

61. CROUCH, Andy. Cultivating Where We Are Planted. [Entrevista concedida a] Derek R. Keefe. *Christianity Today*, Carol Stream, IL, 8 set. 2008. Disponível em: http://www.ctlibrary.com/ct/2008/september/11.28.html. Acesso em: 8 set. 2008.

O motivo pode ser a influência da teologia da evacuação. Fomos moldados por mais de um século pela suposição de que Deus está interessado em apenas uma coisa — salvar almas. Se acreditarmos que a igreja é uma estação de salvamento e o mundo é um navio afundando, então faz sentido nos concentrarmos com a precisão de um laser naqueles que estão realizando o resgate. A urgência dessa tarefa exige nada a menos que isso. Para manter os cristãos focados no trabalho de mais valor, precisamos deixar de lado tudo aquilo que possa nos distrair dessa tarefa — inclusive a limpeza do porto de Boston. Se o mundo é um palco, para usar a metáfora de Shakespeare, podemos até ter vários atores atuando em diferentes papéis, mas os holofotes devem permanecer sobre o clero. Obviamente, para aqueles sob os holofotes fica difícil enxergar os outros.

Uma das razões para manter os holofotes no ministério é atrair mais pessoas para esse trabalho tão importante. Não há dúvida de que essa estratégia é eficaz, mas carrega um perigo oculto. O fato de que o caminho da evacuação exaltar o clero, e aqueles que se comportam como ele, acaba fazendo com que algumas pessoas entrem para o ministério pelos motivos errados. Podem exercer uma função ministerial não porque são genuinamente talentosas ou por terem um chamado verdadeiro, mas porque estão buscando significado. São atraídas pelos holofotes com a promessa de que, com seu brilho, suas vidas terão importância real.

Você pode estar se perguntando: qual é o problema de recrutar mais missionários e pastores? Não deveríamos ficar contentes porque a mensagem do evangelho está sendo difundida e mais pessoas estão encontrando Cristo? Jesus não disse: "A colheita é grande, mas os trabalhadores são poucos"?[62] Sim, é maravilhoso ver a mensagem de Cristo ser pregada, discutiremos a importância da reconciliação com Deus por meio de Cristo no Capítulo 7. Ainda podemos incluir as instruções do apóstolo Paulo de honrar nossos líderes na igreja que nos ensinam os mistérios de Deus.[63] Mesmo assim, essas verdades não eliminam o perigo apresentado pela visão limitada da evacuação sobre o propósito humano.

Primeiro, conforme mencionado anteriormente, quando apenas o clero é reconhecido em nossas comunidades, alguns são atraídos para este papel pelo desejo de encontrar valor pessoal. Isso pode explicar, em parte, as taxas exorbitantes de esgotamento pastoral, vícios, doenças físicas, desintegração familiar e depressão entre o clero.[64] Simplesmente não foram chamados para serem ministros, mas suas igrejas, comunidades e até mesmo suas famílias os convenceram a buscar o ministério como forma de assegurar seu propósito.

Bill foi a primeira pessoa de sua família a frequentar a faculdade. Dada a forte herança cristã da família, presumia-se que, com sua educação superior, escolheria o ministério. Quatro décadas depois, explicou em prantos

---

62. Mateus 9:37.
63. 1Timóteo 5:17.
64. VITELLO, Paul. Taking a break from the lord's work. *The New York Times*. Nova York, 2 ago. 2010. Seção A, p. 1. Disponível em: https://www.nytimes.com/2010/08/02/nyregion/02burnout.html. Acesso em: 30 ago. 2021.

como seus pais ainda expressam desapontamento em sua decisão de não entrar para o ministério. Conheço pais e avós que oram todos os dias para que pelo menos um de seus filhos se torne um obreiro cristão em tempo integral e falam regularmente a seus filhos sobre esse desejo. Estão comunicando uma mensagem clara: *com certeza sempre te amaremos, mas se você entrar no ministério, ficaremos muito orgulhosos (e Deus também)*. Já tive adolescentes em minha igreja perguntando por que deveriam se preocupar em ir para a faculdade. "Por que não ir simplesmente para o exterior e ajudar um missionário no campo?", perguntou um.

Em segundo lugar, celebrar apenas o clero desvaloriza todos os filhos de Deus que não são chamados para o ministério de tempo integral. Seu trabalho e, consequentemente, a maior parte de suas vidas, é visto como tempo desperdiçado em coisas passageiras, e que poderia ter sido investido em tesouros eternos. G. K. Chesterton disse certa vez: "Todos na Terra devem acreditar, em meio a qualquer loucura ou falha moral, que sua vida e temperamento têm um propósito na Terra. Todos na Terra devem acreditar que eles têm algo a dar ao mundo que de outra forma não poderia ser dado".[65] O caminho da evacuação descarta essa crença, pois faz com que aqueles no reino de Deus comprometidos com vocações não ministeriais se sintam como cidadãos de segunda classe que devem

---

65. CHESTERTON, Gilbert. Keith. The Philosophy of Browning. *In* CHESTERTON, Gilbert. Keith. *Robert Browning*. Chattanooga, TN: Jalic Inc., 1903. Cap. 8. Disponível em: http://www.online-literature.com/chesterton/robert-browning/8/. Acesso em: 30 ago. 2021.

se esforçar para ter uma existência significativa, contribuindo com mais de seu tempo livre e recursos extras para salvar almas, uma vez que sua vocação primária não tem valor duradouro.

Para os jovens adultos de hoje, muitos dos quais estão adiando o casamento e a formação de uma família por mais tempo e que encontram sua identidade no trabalho, a igreja contemporânea organizada ao redor da suposta família nuclear tem pouco a dizer além de: "Junte-se ao nosso ministério de salvar almas". Embora as gerações anteriores possam ter considerado a mensagem de fuga e segurança atraente, para essa geração que busca desesperadamente por significado, este é oferecido apenas a uns poucos escolhidos: o clero. Todos os outros estão condenados a uma existência terrena desprovida de propósito real. Será que devemos ficar surpresos por tantos jovens estarem abandonando a igreja em busca de uma vida que lhes ofereça sentido no mundo atual e não apenas no mundo por vir?

AS ILHAS

Vimos como o caminho da evacuação encontra esperança se separando e escapando do mundo e como o valor é reservado àqueles que se empenham nesse esforço. Hoje, no entanto, poucos observadores do cristianismo estadunidense concluiriam que a igreja seja celestial a ponto de acabar inútil na terra. Com uma indústria cristã anual de livros e mercadorias gerando 4,63 bilhões de dólares — sem falar em filmes, rádio e entretenimento cristão

— muitos acreditam que a igreja está mais mundana do que nunca. Contudo, como um movimento fundamentado em escapar do mundo veio a se parecer tanto com o próprio?[66] Dietrich Bonhoeffer entendia o perigo inerente do caminho da evacuação, observou: "Cada tentativa de esquivar-se do mundo cedo ou tarde será paga com pecaminosa dependência dele".[67]

Os cristãos fundamentalistas do início do século XX buscaram uma separação segura proibindo seus fiéis de ouvir música popular, dançar, assistir filmes, jogar cartas, fumar, beber álcool e outras atividades consideradas "mundanas". Presumivelmente, esses vícios eram evidências do declínio do mundo à depravação. Atualmente, poucos cristãos acreditam que um jogo de Oito Maluco[68] possa antecipar o julgamento divino, mas a mentalidade por trás de tais proibições ainda está presente nos dias de hoje. A lista de ofensas mudou e ficou mais politizada, frequentemente com a sexualidade recebendo muita atenção. Fato que ficou evidente em 2012, quando um líder empresarial cristão gerou polêmica quando foi questionado sobre o apoio financeiro de sua empresa à grupos que se opõem ao casamento entre pessoas do mesmo sexo. Ele disse: "Eu creio que pedimos para Deus derramar seu juízo sobre a nossa nação quando sacudimos o nosso punho a ele dizendo: 'Sabemos melhor do que você sobre

---

66. Estatística baseada em relatórios de 2006 de The Association for Christian Retail. Disponível em: http://www.cbaonline.org. Acesso em: 11 mar. 2013.
67. BONHOEFFER, Dietrich. *Ética*. São Leopoldo: Editora Sinodal/EST, 2011, p. 128.
68. "Oito maluco" é um jogo de cartas, cujo objetivo é descartar todas as cartas da mão antes dos adversários. No Brasil, é semelhante ao jogo Mau-mau.

o que constitui um casamento'".[69] De acordo com essa perspectiva, questões como a homossexualidade, o aborto, o feminismo e a política liberal em geral devem ser evitados pelos cristãos, e se todos os outros soubessem o que era melhor para eles também evitariam tais coisas. Essas observações correspondem à atitude cristã em relação à sociedade, como delineada no capítulo anterior onde discutimos como os cruzados culturais procuram retardar ou reverter um regresso da sociedade.

Entretanto, quando o alvo da revolução cultural falha, como costuma acontecer, os fiéis recorrem a um plano alternativo: a separação. É aqui que se dá o caminho da evacuação. O objetivo da separação é proteger a si e aqueles que amamos do mundo perigoso que está "se arrastando em direção a Gomorra", como disse Robert Bork, cotado para a Suprema Corte americana, sobre os Estados Unidos em seu livro *Slouching Towards Gomorrah* (Se arrastando em direção a Gomorra, tradução livre). Ele escreveu:

> *A melhor estratégia para aqueles de nós que detestam o liberalismo moderno e todas as suas obras pode ser simplesmente encontrar algum santuário onde possamos criar pequenas ilhas de decência e civilidade em meio a uma cultura sub-pagã. Os condomínios fechados e o movimento de ensino domiciliar são o início de tais ações.*[70]

---

69. DAN Cathy. *Chick-Fil-A President, On Anti-Gay Stance: 'Guilty As Charged'*. The Huffington Post. Nova York, 02 fev. 2016. Queer Voices, p. 1-2. Disponível em: https://www.huffpost.com/entry/dan-cathy-chick-fil-a-president-anti-gay_n_1680984. Acesso em: 29 jul. 2021.
70. BORK, Robert. *Slouching Towards Gomorrah*: Modern Liberalism and American Decline. Nova Iorque: Harper, 1996, p. 334.

Na verdade, a criação de "ilhas de decência" começou bem antes de Bork escrever essas palavras. Quando a cultura jovem popular emergiu na década de 1950, seguida pela agitação social da década de 1960, muitos cristãos temiam por seus filhos e adolescentes. Como poderiam estar protegidos das influências ímpias do sexo, drogas e rock and roll? Os ministérios para jovens surgiram para proporcionar uma alternativa segura e divertida aos adolescentes cristãos, enquanto os isolavam dos pecados do mundo fora da igreja. Mesmo assim, a criação de uma cultura jovem cristã segura teve uma consequência não intencional.

Quando esses adolescentes alcançaram a idade adulta nas décadas de 1970 e 1980, trouxeram consigo o desejo próprio por uma subcultura cristã segura que fosse paralela à cultura popular. "Por que toda música boa deve estar nas mãos dos pagãos?" era um lema que representava os valores dos cristãos dos *Baby Boomers* da época. Vimos, então, o surgimento do enorme e lucrativo mercado cristão que oferecia praticamente tudo que a cultura secular podia oferecer, mas com a logomarca de Jesus. Além do crescimento exponencial da mídia cristã e do entretenimento desde os anos 1970, também vimos imitações de tendências seculares, desde programas de dieta e balas de hortelã a apetrechos e fichas de pôquer com a logomarca de Cristo.

A exaltação do clero e o rebaixamento das outras vocações também contribuíram para a criação de uma subcultura evangélica paralela. Os cristãos engajados em profissões seculares encontraram pouca ou nenhuma afirmação de seu trabalho pela igreja, então, alguns buscaram canalizar seus talentos de forma que honrasse mais a Deus colocando um pouco de verniz cristão. Criaram a arte cristã, abriram empresas, lançaram gravadoras musicais e escolas, todas cristãs. Hoje, é possível para um crente usar roupas cristãs em um cruzeiro de férias cristão, onde possa se enturmar com artistas pop cristãos, comprar *best-sellers* cristãos, assistir filmes cristãos no cinema e postar seus vídeos de férias em uma versão cristã de YouTube para seus amigos cristãos assistirem em sua faculdade cristã. Criamos uma cópia cristã independente do mundo.

Como uma forma de Cristianismo baseada em escapar com tanta urgência de um mundo condenado se tornou tão mundana? Para responder à pergunta, devemos voltar à analogia da estação salva-vidas de 1953 do reverendo Wedel. Em sua história, a estação de salvamento tinha uma missão simples e específica: resgatar almas. Os avisos frequentes de tempestade mantiveram a estação em alerta e focada, mas quando os avisos se tornaram menos urgentes, ou quando aconteceram menos naufrágios, a estação salva-vidas se desviou de sua missão. reverendo escreveu:

> *Alguns membros da estação de salvamento estavam descontentes por ela ser tão rudimentar e mal equipada. Eles entenderam que precisavam organizar um lugar mais confortável para ser o primeiro refúgio daqueles que eram resgatados do mar. Eles substituíram as macas de emergência por camas e colocaram móveis melhores em uma construção maior. Agora, a estação de salvamento se*

tornou um ponto de encontro popular para seus membros e estes a enfeitam porque a usam como uma espécie de clube.[71]

Por fim, disse Wedel, a estação se focou tanto em si mesma e em seu próprio conforto que não estava mais equipada para salvar vidas. Sua parábola concluía: "Se você visitar aquela costa marítima hoje, encontrará uma série de clubes exclusivos ao longo da costa. Os naufrágios são frequentes, mas a maioria morre afogada".[72]

O objetivo da história de Wedel era evitar que a igreja se desviasse de seu propósito singular, mas, meio século depois de sua parábola ter sido escrita, seu aviso parece uma profecia para os dias de hoje. O consumismo desenfreado na igreja e seu foco em si mesma, a fim de garantir que seus membros se sintam seguros e confortáveis, parece ser uma traição à sua missão de salvar vidas. O que muitos não percebem, no entanto, é que o materialismo e o egocentrismo da igreja não é um afastamento, é o resultado direto de sua missão e visão de futuro estreitamente definidas. Por quase um século, os cristãos ouviram que deveriam se separar do mundo e esperar o fim de todas as coisas. Esta mensagem apelou ao nosso desejo por segurança e atraiu muitos a buscarem refúgio no porto seguro da igreja. Quando o fim não chegou, a urgência do aviso se desvaneceu. O arrebatamento não ocorreu. O mundo não foi destruído. E o desejo egocêntrico de segurança que levou muitos cristãos a buscarem refúgio a princípio

---

71. WEDEL, Theodore O. Evangelism — the Mission of the Church to Those Outside Her Life. *Ecumenical Review*, Out. 1953, p. 24.
72. Ibid.

se transformou lentamente em um desejo egocêntrico de conforto. Não podemos ganhar almas com uma mensagem egocêntrica e depois ficar chocados quando se tornam cristãos egocêntricos.

Agora deve ter ficado evidente que o caminho da evacuação é alimentado pelo medo. Assim como tartarugas assustadas, os cristãos que seguem este caminho para a *Igreja do Amanhã* se retraem para se proteger dos perigos externos. T serem contaminados por um mundo condenado. Temem o sofrimento e o desconforto do juízo de Deus. Temem o declínio do mundo em depravação e pecado. Acreditando que o mundo não pode ser salvo, vem a evacuação como um caminho baseado na limitada esperança de fuga. O arrebatamento transportará os redimidos deste planeta para habitar o paraíso enquanto todos os outros afundarão com o navio.

Assim como a esperança, o propósito neste caminho é extremamente restrito. A única vida com valor é aquela gasta no resgate da desgraça iminente. O fruto de qualquer outro trabalho é destinado às chamas. Até que o fim chegue, entretanto, aqueles que estão comprometidos com a evacuação estão contentes em viver em uma réplica cristã do mundo do qual algum dia esperam escapar.

CAPÍTULO V
RESSURREIÇÃO

O ESPAÇO

Para apreciar toda a beleza da Cidade do Cabo na África do Sul é preciso vê-la do mar. Podemos avistar as diferentes camadas da cidade que despontam do Atlântico Sul. Primeiro vemos as estruturas coloniais de pedra ao longo da costa, depois os arranha-céus de vidro e aço, seguidos de montes com campos verdejantes e vinhedos e, finalmente, a impressionante parede de pedra ametista conhecida como *Table Mountain*, que serve como pano de fundo para a cena.

    A beleza estonteante da Cidade do Cabo faz com que os horrores que aconteceram ali, e por toda a África do Sul, pareçam ainda mais feios. A política do *apartheid* dividiu as raças, desapoderou milhões de pessoas e gerou ciclos sem fim de violência e retribuição. Por causa de seus esforços para acabar com o *apartheid* e estabelecer a justiça, Nelson Mandela virou prisioneiro do estado por 27 anos. Eu estava familiarizado com a história do Mandela antes de viajar para a África do Sul, mas estar lá me ajudou a sentir a agonia de sua prisão em uma nova dimensão. Não foi a cela minúscula e estéril que ele ocupou, nem o balde que tinha que usar como banheiro, ou o árduo trabalho físico que suportou na pedreira da prisão que chamaram a minha atenção, foi a vista. Nelson Mandela passou a maior parte de sua detenção na Ilha de Robben à sete quilômetros da costa da Cidade do Cabo. A ilha é agraciada com uma vista incomparável da cidade.

Ao longo de seu confinamento, Mandela podia ver a beleza notável da cidade de sua cela, mas não podia alcançá-la. Sete quilômetros de águas hostis bloqueavam o caminho. Como resultado, a Ilha de Robben proporcionou um tipo peculiar de tortura que era compartilhado por poucas outras prisões:[73] Mandela tinha uma visão da liberdade, mas não a possuía. Ainda assim, o líder sul-africano tinha esperança. Para lidar com o espaço entre sua visão e sua realização, fez algo muito trivial: plantou um jardim. Depois de anos de petições, as autoridades finalmente permitiram que seu mais ilustre prisioneiro cultivasse um pequeno jardim em um canto do pátio da prisão. Começou com algumas sementes que coletou ao redor da ilha e passava horas trabalhando em seu pedaço de terra, dia após dia, estudando diferentes técnicas de cultivo e testando fertilizantes — o esterco de pombo funcionou particularmente bem. Com o tempo, o jardim virou um refúgio para os prisioneiros e os guardas que compartilhavam de sua abundância de vegetais e flores.

Anos mais tarde, Mandela explicou por que o jardim se tornou tão importante para ele: "Semear uma planta, vê-la crescer, cuidar dela e colhê-la era uma satisfação simples, mas reconfortante. A noção de ter à sua guarda

---
73. Alcatraz e a Ilha do Diabo vêm à mente.

um pequeno pedaço de terra proporcionava um ligeiro sabor a liberdade."[74] Não era possível transformar a Ilha de Robben na liberdade e beleza da Cidade do Cabo, mas Mandela poderia cultivar um pequeno pedaço de terra de forma que refletisse a ordem, a beleza e a abundância do outro lado do mar que sua alma ansiava.

O jardim de Mandela nos lembra que existe um mar intransponível entre o mundo que desejamos e aquele que ocupamos. Assim como Mandela tinha a vista da Cidade do Cabo e não conseguia alcançá-la, também podemos ver em nossa imaginação o mundo como deveria ser — a cidade-jardim de Deus —, mas ela não corresponde ao deserto árido que experimentamos no presente. Entre o hoje e o amanhã estão as águas gélidas da realidade. O caminho da evolução prometia construir uma ponte sobre esse espaço por meio da engenhosidade e do progresso humano, mas a história provou que a ponte da evolução não leva até o outro lado. O caminho da evacuação prometia tirar algumas almas afortunadas da ilha, deixando outras para trás; para a maioria, a passagem não oferece qualquer esperança.

O caminho de Jesus, porém, é diferente. Assim como o jardim no pátio da prisão de Nelson Mandela, Jesus veio para cultivar esperança viva em nosso meio. Ao invés da evolução ou da evacuação, isso se dá por meio da encarnação, Deus veio em carne e entrou no deserto do mundo, e começou a cultivar a ordem, a beleza e a abundância que

---

74. MANDELA, Nelson. *Nelson Mandela*: um longo caminho para a liberdade. Lisboa: Planeta Manuscrito, 2012.

poderiam ser experimentadas no presente. Ele estendeu sua mão através da lacuna do tempo e espaço para alcançar a cidade-jardim do amanhã e trazer partes dela para o deserto de hoje. Jesus habitou entre nós para nos dar um vislumbre da *Igreja do Amanhã*.

Considere o cultivo que Jesus realizou. Quando o caos ameaçou seus amigos com uma tempestade, apenas falou uma palavra e restaurou ordem à criação. Quando a feiura da doença e da morte devastou alguns, restaurou a beleza e a integridade. Quando as multidões não tinham o que comer, gerou uma abundância de alimentos com alguns pães e peixes. As pessoas começaram a acreditar que, por meio de Jesus, a perfeita cidade-jardim de Deus estava se tornando realidade. O espaço estava diminuindo e a *Igreja do Amanhã* estava ao seu alcance.

Para alguns, no entanto, o caos, a feiura e a escassez do deserto estavam além do que podiam suportar. Não conseguiam ver os pequenos jardins de esperança que Jesus estava cultivando. João Batista passou por esta dificuldade quando estava preso na masmorra de Herodes. Vendo apenas o mal e a injustiça do mundo, João começou a duvidar. Enviou seus amigos a Jesus com uma pergunta: "És tu aquele que haveria de vir"?[75] Em vez de repreender João por sua fé fraca, Jesus graciosamente lhe ofereceu uma visão do jardim por meio de seus amigos. "Voltem e anunciem a João o que vocês viram e ouviram: os cegos veem, os aleijados andam, os leprosos são purificados, os

---

75. Lucas 7:19.

surdos ouvem, os mortos são ressuscitados e as boas novas são pregadas aos pobres".[76]

Esse mesmo padrão é visto nos dias hoje. Quando nos reunimos com outros cristãos no domingo, alguns tem a oportunidade de compartilhar os vislumbres que tiveram da *Igreja do Amanhã* em nosso mundo. Ouvimos testemunhos de como Jesus ainda está trabalhando no cultivo da ordem, da beleza e da abundância. No entanto, outros, como João, reuniam-se atormentados pela dúvida por não conseguirem ver nada além do deserto. Alguns se reúnem tendo colocado sua fé nos caminhos da evolução ou evacuação, e ao invés de produzir esperança e propósito, eles encontram apenas o desespero e a derrota. Por esta razão, as Escrituras nos dizem para não negligenciarmos os encontros, mas para encorajarmos uns aos outros.[77] Devemos nos ajudar a ver a realidade da presença e poder contínuo de Deus em meio ao deserto de nosso mundo. Devemos abrir os olhos uns dos outros para a ordem, beleza e abundância que Cristo está cultivando hoje para mais uma vez encher nossos corações de coragem. Essas visões vêm através das histórias de nossos irmãos e irmãs, através da pregação das Escrituras, através da graça e testemunho da Eucaristia, através da beleza das canções e símbolos, e através do compartilhar dos dons. Quando a igreja se reúne para a adoração, estamos avançando e trazendo pequenos jardins da *Igreja do Amanhã* para o presente, assim como Jesus fez para João.

---

76. Lucas 7:22.
77. Hebreus 10:25.

Ainda assim, a encarnação de Cristo entre nós e seu cultivo da ordem, da beleza e da abundância não é tudo o que há neste terceiro caminho para a *Igreja do Amanhã*. Jesus veio para nos dar mais do que simples vislumbres de esperança. Ele veio para liberar um poder que renovaria todas as coisas.

O PROTÓTIPO

Por que o domingo? No Império Romano, o domingo era semelhante à nossa segunda-feira; era o primeiro dia útil da semana. Então, por que os primeiros cristãos escolheram se reunir para adorar em um dia tão inconveniente? O sábado teria sido uma opção muito melhor, dada a sua aceitação como dia de descanso desde a época de Moisés. A resposta típica de escola dominical, e me perdoe pelo clichê, é porque Jesus ressuscitou no domingo; portanto, os cristãos se reuniam todas as semanas para celebrar seu Rei que ressuscitou naquele dia.

Essa explicação, no entanto, levanta outra questão. Por que Jesus ressuscitou em um domingo? Para responder esta pergunta, devemos nos familiarizar com o relato judaico da criação no primeiro capítulo de Gênesis. Lá podemos ler sobre Deus ordenando o cosmos em seis dias e descansando no sétimo. Este é o texto de onde os judeus encontram o fundamento para a prática do *Sabbath* — o descanso do trabalho no sétimo dia da semana. Este texto também identifica o domingo como o primeiro dia da obra criativa de Deus. Aqui descobrimos a importância da ressurreição de Jesus no domingo. N. T. Wright explica:

> *A Páscoa [domingo] representa o princípio da nova criação. A Palavra, por meio da qual todas as coisas foram criadas, é agora a Palavra por meio da qual todas as coisas são recriadas. Embora a ressurreição de Jesus tenha sido um evento "sobrenatural", ocasional e único (...) ela deve ser vista como o princípio de um novo mundo, o primeiro dia da nova semana, uma amostra do que Deus irá realizar no resto do mundo.*[78]

Muitos cristãos reconhecem que a ressurreição de Jesus marcou sua a vitória sobre a morte e a confirmou definitivamente sua identidade divina. Também celebram sua ressurreição como garantia de sua própria esperança de vida eterna. Por causa da ressurreição de Jesus, podemos nos juntar ao apóstolo Paulo e dizer: "Onde está, ó morte, a sua vitória? Onde está, ó morte, o seu aguilhão?"[79] Esses entendimentos sobre a ressurreição são certamente bons e verdadeiros, mas muitas vezes falhamos em ver que suas implicações vão além do Domingo de Páscoa. Procurando corrigir essa miopia, N. T. Wright nos mostra o escopo cósmico da ressurreição de Jesus como o início da recriação de todas as coisas — um ato que se assemelha ao trabalho criativo original de Deus no primeiro domingo de Gênesis 1.

---

78. WRIGHT, Nicholas. Thomas. *Surpreendido Pela Esperança*. Viçosa: Editora Ultimato, 2009, p. 252-253.
79. 1Coríntios 15:55.

O vínculo entre o Domingo de Páscoa e a recriação do cosmos é uma verdade enraizada no Novo Testamento. Na mesma passagem em que Paulo relacionou a ressurreição de Jesus à nossa esperança individual de uma nova vida (1Coríntios 15), o estudioso também reconheceu suas implicações cósmicas. Paulo se referiu repetidamente ao Cristo ressuscitado como "as primícias".[80] Quis dizer que a ressurreição de Jesus era o início e o modelo do que estava por vir; foi o primeiro fruto colhido em uma colheita muito maior que está em andamento. Para empregar a linguagem de Wright, a ressurreição de Jesus foi o protótipo do novo trabalho criativo de Deus. Paulo dividiu essa recriação em três partes. "Cristo, o primeiro", disse ele, e "depois, quando ele vier, os que lhe pertencem" serão ressuscitados.[81] Finalmente, todos os inimigos de Deus serão destruídos, incluindo a própria morte, e "todas as coisas" estarão, então, sujeitas a Deus.[82]

Assim como no relato da criação em Gênesis, que começou, mas não terminou no domingo, a recriação de Deus começou no domingo de Páscoa com a ressurreição de Jesus, mas continua a se desenrolar. De acordo com a lógica de Paulo em 1Coríntios 15, a recriação começou com Cristo, flui para sua igreja e se completa no cosmos. O poder da ressurreição de Cristo, desencadeado na Páscoa, eventualmente trará vida nova a tudo o que Deus fez.

---

80. 1Coríntios 15:20.
81. 1Coríntios 15:23.
82. 1Coríntios 15:28.

RESSURREIÇÃO

Descobrimos esse mesmo padrão em Romanos 8. Falando aos cristãos que enfrentavam dificuldades, Paulo relacionou seu sofrimento à luz do que estava por vir:

> *Considero que os nossos sofrimentos atuais não podem ser comparados com a glória que em nós será revelada. A natureza criada aguarda, com grande expectativa, que os filhos de Deus sejam revelados. Pois ela foi submetida à inutilidade, não pela sua própria escolha, mas por causa da vontade daquele que a sujeitou, na esperança de que a própria natureza criada será libertada da escravidão da decadência em que se encontra, recebendo a gloriosa liberdade dos filhos de Deus. Sabemos que toda a natureza criada geme até agora, como em dores de parto. E não só isso, mas nós mesmos, que temos os primeiros frutos do Espírito, gememos interiormente, esperando ansiosamente nossa adoção como filhos, a redenção do nosso corpo.*[83]

Aqui, encontramos uma notável ligação entre nossa ressurreição vindoura, a "redenção do nosso corpo" e a própria ressurreição da criação. Paulo reconheceu que embora tenhamos renascido espiritualmente pela fé em Cristo, nosso renascimento físico ainda está por vir e ocorrerá quando Cristo voltar. No entanto, não somos os únicos a ansiar por esse dia. Paulo disse que a própria criação espera com grande anseio porque também será libertada para compartilhar da mesma liberdade e glória que experimentaremos.

---

83. Romanos 8:18-23.

O poder da ressurreição de Cristo nos transformará e ao mundo destruído que ocupamos na *Igreja do Amanhã*. Assim como Jesus e seu povo, a própria terra será livre do pecado, reconciliada com Deus e glorificada. Retomando a metáfora da prisão de Nelson Mandela, imagine os sete quilômetros que separam a Ilha de Robben da Cidade do Cabo sendo removidos, os dois sendo unidos em uma única terra e o minúsculo jardim no pátio da prisão de Mandela sendo transformado na ordem, beleza e bondade da Cidade do Cabo. Nessa visão, a Ilha de Robben não será abandonada ou destruída, mas redimida. Essa é a grande esperança inaugurada no Domingo de Páscoa e que encontrará cumprimento em um dia próximo, quando todas as coisas forem colocadas sob o domínio de Deus e quando ele for "tudo em todos".[84] Esse mesmo mundo será feito novo, o espaço removido e o céu e a terra serão unidos — a mesma imagem que o apóstolo João viu quando a Cidade Santa desceu do céu à Terra em Apocalipse 21. A *Igreja do Amanhã* não é um céu etéreo e tampouco uma Terra alternativa. É a união com o céu em um cosmos restaurado e glorificado, ocupado por Deus e seu povo.

Essa ideia extraordinária é totalmente diferente do caminho oferecido pela evolução e evacuação. A esperança da evolução acabou se mostrando extremamente insatisfatória, pois qualquer progresso positivo da humanidade é contaminado por avanços equivalentes da nossa capacidade para o mal. A esperança de evacuação foi considerada extremamente limitada — reservada apenas para as almas

---

84. 1Coríntios 15:28.

daqueles que forem resgatados de um mundo naufragando, enquanto o resto da criação será abandonado à destruição. O que encontramos no Novo Testamento, entretanto, não é uma esperança insatisfatória nem limitadora. Encontramos a esperança da ressurreição se estendendo a todas as coisas — todo o cosmos que Deus criou no início e declarou "bom". Encontramos a mensagem de que Cristo veio não apenas para salvar os pecadores de um planeta condenado, mas para resgatar tudo o que criou. Como Paulo declarou maravilhosamente:

> *Ele é a cabeça do corpo, que é a igreja; é o princípio e o primogênito dentre os mortos, para que em tudo tenha a supremacia. Pois foi do agrado de Deus que nele habitasse toda a plenitude, e por meio dele reconciliasse consigo todas as coisas, tanto as que estão na terra quanto as que estão nos céus, estabelecendo a paz pelo seu sangue derramado na cruz.*[85]

O "NOVO"

Se você está familiarizado com a Bíblia ou com a literatura popular produzida pelos proponentes da evacuação, pode estar se perguntando como a visão de Deus de reconciliar toda a criação por meio do poder da ressurreição de Jesus coincide com a ideia de "um novo céu e uma nova terra".

---

85. Colossenses 1:18-20.

O apóstolo João usou esta linguagem ao falar de sua visão da cidade-jardim:

> *Então vi novos céus e nova terra, pois o primeiro céu e a primeira terra tinham passado; e o mar já não existia.*[86]

O apóstolo Pedro também usou esta expressão:

> *Naquele dia os céus serão desfeitos pelo fogo, e os elementos se derreterão pelo calor. Todavia, de acordo com a sua promessa, esperamos novos céus e nova terra, onde habita a justiça.*[87]

Essas passagens, entre outras, alimentaram muito o pensamento da evacuação de que Deus destruirá e substituirá a criação atual. Se for esse o caso, então faz completamente sentido nos desconectarmos do mundo e aguardar pelo novo que está por vir. Essa interpretação levanta duas questões. Primeiro, se o Cristo ressuscitado é o protótipo da recriação de Deus, por que as Escrituras falam de um novo céu e uma nova terra? E, em segundo lugar, se os apóstolos não querem comunicar a substituição de nosso mundo por um novo, então como devemos interpretar esses textos?

Vamos começar pela ressurreição. Ao se referir à ressurreição de Jesus como as "primícias" em 1Coríntios 15, o apóstolo Paulo estava comunicando que era tanto o início quanto o padrão para o que estava por vir. Deixou isso

---

86. Apocalipse 21:1.
87. 2Pedro 3:12-13.

explícito nos versículos 35 a 45, onde falou da natureza do corpo ressuscitado de Jesus como um protótipo de como serão nossos corpos ressuscitados. Repetiu isso em Romanos, assim como fez João em sua primeira carta:

> *Se dessa forma fomos unidos a ele na semelhança da sua morte, certamente o seremos também na semelhança da sua ressurreição.*[88]
> *Amados, agora somos filhos de Deus, e ainda não se manifestou o que havemos de ser, mas sabemos que, quando ele se manifestar, seremos semelhantes a ele, pois o veremos como ele é.*[89]

E já vimos em Romanos 8 que a mesma glória da ressurreição que nos espera será compartilhada pelo cosmos libertado:

> *(...) a própria natureza criada será libertada da escravidão da decadência em que se encontra, recebendo a gloriosa liberdade dos filhos de Deus.*[90]

Se a ressurreição de Jesus é o protótipo, então, para entender a natureza de nossos futuros corpos ressuscitados, bem como a vindoura criação ressuscitada, devemos olhar para o corpo ressuscitado de Jesus.

A primeira coisa que reconhecemos, tanto nos relatos sobre a ressurreição nos Evangelhos quanto na descrição de Paulo em 1Coríntios 1:5, é que o corpo ressuscitado de

---
88. Romanos 6:5.
89. 1João 3:2.
90. Romanos 8:21.

Jesus era diferente. Como disse o apóstolo: "Assim será com a ressurreição dos mortos. O corpo que é semeado é perecível e ressuscita imperecível; é semeado em desonra e ressuscita em glória; é semeado em fraqueza e ressuscita em poder; é semeado um corpo natural e ressuscita um corpo espiritual."[91] De fato, depois da ressurreição, Jesus exibiu características que não possuía antes de morrer. Ele apareceu e desapareceu, atravessou paredes[92] e ascendeu ao ar.[93] Seu corpo desafiou as leis da física como conhecemos. Podemos então concluir, assim como fez Paulo, que nossos corpos futuros, bem como o futuro do cosmos, serão diferentes dos corpos presentes e do mundo que conhecemos. Haverá descontinuidade entre a era presente e a que virá. Como Paulo declarou, quando o dia de Cristo chegar, "todos seremos transformados".[94]

A descontinuidade é a qualidade mais enfatizada pelo caminho da evacuação. Sugere que haverá uma descontinuidade completa entre o mundo presente e o vindouro, onde apenas as almas dos salvos permanecerão de um lado para o outro. Essa teologia de substituição, entretanto, não funciona quando aplicada à ressurreição de Jesus. Embora seu corpo certamente mudara, ele foi substituído. Jesus não recebeu um corpo novo e o antigo descartado, como o caminho da evacuação afirma que acontecerá na terra. Jesus não foi reencarnado, foi ressuscitado. O corpo de Jesus não foi substituído, foi levantado. As Escrituras são firmes

---

91. 1Coríntios 15:42-44.
92. João 20:19.
93. Atos 1:9.
94. 1Coríntios 15:51.

quanto a isso. A tumba estava vazia. Se o corpo de Jesus tivesse sido deixado para apodrecer na tumba e substituído, a morte ainda teria reivindicado uma vitória parcial. Ao ressuscitar, ao invés de substituir seu corpo, Jesus mostrou sua vitória completa sobre todos os inimigos. A morte não recebeu um prêmio de consolação — nem mesmo o corpo torturado de um carpinteiro nazareno. Para comprovar esse fato, o Jesus ressuscitado mostrou a seus discípulos as feridas de sua crucificação. Tomé até tocou nas cicatrizes nas mãos e no seu lado.[95] Embora seu corpo tenha mudado, ainda era o seu corpo.

Podemos concluir que, no Novo Testamento, a ressurreição de Jesus exibe continuidade e descontinuidade. A ressurreição resulta em uma semelhança notável e uma transformação radical. Quando aplicamos esse padrão ao mundo, assim como Paulo fez em 1Coríntios 15 e Romanos 8, vemos que a intenção de Deus é redimir este mundo (continuidade), mas também transformá-lo para exibir a qualidade da cidade-jardim aperfeiçoada (descontinuidade). A terra que habitamos agora se tornará um dia na *Igreja do Amanhã*.

Se o mundo atual será redimido e transformado, como podemos conciliar isso com o "novo" céu e terra de João e Pedro? A tradução faz parte desse desafio. A palavra grega traduzida como "novo" nesses textos não é *neos*, que significa novo em substância ou tempo, mas sim, uma palavra com variação sutil e complicada — *kainos*, que também pode ter o significado de novo em qualidade. Se

---

95. João 20:27.

hoje eu comprasse um boneco do *Darth Vader* em uma loja de brinquedos, poderia dizer que ele é "novo". A palavra grega *neos* se aplicaria aqui, significando "recente". No entanto, se eu comprasse um boneco *vintage* do *Darth Vader* de 1977 ainda em sua embalagem original e fechada, não poderia chamar este brinquedo de "novo". Em vez disso, eu diria que é "como novo". A palavra *kainos* se aplica aqui. Embora esta seja uma simplificação de um argumento muito mais complexo sobre esta tradução, o fato é que quando o Novo Testamento fala de um "novo céu e nova terra", não podemos presumir automaticamente que significa "recente". Ao empregar a palavra *kainos*, os escritores podem se referir a algo "novo em qualidade", o que é consistente com o ensino de Paulo e com o padrão que vemos na ressurreição de Jesus. Seu corpo ressurreto era certamente novo em qualidade, mas não era um corpo recém-criado que substituiu o anterior. Seu corpo foi transformado para exibir novas qualidades.

Paulo usou uma linguagem semelhante ao falar de nossa novidade em Cristo: "Portanto, se alguém está em Cristo", disse ele, "é nova criação. As coisas antigas já passaram; eis que surgiram coisas novas!"[96] Aqui Paulo estava falando claramente qualitativamente, não substantivamente. Não deixei de ser eu quando coloquei minha confiança em Cristo, mas fui transformado e passei da morte para a vida. Para usar uma expressão mais familiar, eu "nasci de novo". Em João 3, onde Jesus usa essa frase, ele deixa claro que está falando de um renascimento

---

96. 2Coríntios 5:17.

espiritual ao invés de um renascimento físico. Da mesma forma, o novo céu e a nova terra, assim como o novo corpo de Jesus e a nossa novidade em Cristo, não é uma substituição material do atual céu e terra. Em vez disso, é a transformação radical e a recriação do céu e da terra para refletir qualidades novas.

Considere o elemento químico carbono. O carbono é conhecido como um elemento polimórfico, porque existe naturalmente como duas substâncias diferentes: grafite e diamante. Ambos são quimicamente idênticos, mas não se parecem ou se comportam da mesma forma devido às suas diferenças estruturais. Na grafite, os átomos de carbono formam folhas covalentemente ligadas, resultando em uma substância opaca, quebradiça e fraca. Os diamantes, entretanto, são átomos de carbono em uma estrutura tetraédrica, formando um cristal translúcido e mais duro do que qualquer substância na Terra. Você pode comprar um lápis de grafite por alguns centavos. Ainda assim, um diamante contendo a mesma quantidade de carbono seria inestimável.

As Escrituras parecem ensinar que o cosmos é polimórfico. Em sua configuração atual, o mundo é marcado pelo caos, feiura e escassez. Geme sob sua escravidão à morte e decadência.[97] Mas está se aproximando o dia em que o poder da ressurreição de Cristo será liberado e o próprio cosmos será mudado. Em vez de ler as imagens do fogo em 2Pedro 3:12–13 como uma destruição total da terra, devemos entender que o fogo é um símbolo de

---

97. Romanos 8:21-22.

purificação. Pedro empregou a metáfora do fogo como uma força purificadora na fé do povo de Cristo (1Pedro 1:7), e o propósito purificador do fogo foi descrito por Paulo em 1Coríntios 3:13 ao falar do Dia do Juízo. Quando Cristo retornar, portanto, não devemos esperar que a terra venha a ser destruída, mas liberta da maldição, pois o caos, a feiura e a escassez serão eliminados,[98] e o mundo será transformado em ordem, beleza e abundância. A criação que agora se encontra fragmentada e obscura será renovada e refletirá a glória de seu Criador e Redentor. Será o mesmo mundo, mas com uma vida nova. Este é o caminho da ressurreição para a *Igreja do Amanhã*.

OS JARDINEIROS

A ressurreição nos mostra que há verdade e erro nos caminhos da evolução e da evacuação. A evolução colocou a ênfase no progresso humano — nossa habilidade de transformar o nosso mundo na *Igreja do Amanhã*. Ela deixa pouco espaço para a intervenção divina e é por isso que alguns no caminho da evolução decidiram que Deus era uma relíquia desnecessária de uma época antiga e supersticiosa. A evacuação, por outro lado, confiou inteiramente na intervenção divina para destruir e substituir este mundo. Não deixou espaço para a participação humana em seu

---

98. A imagem do fogo em 2Pedro 3:12-13, embora podendo ser entendida como uma força destrutiva, é consistente com o propósito purificador do fogo que Paulo descreve em 1Coríntios 3:13 ao falar sobre o Dia do Juízo.

trabalho de recriação além de alertar a todos de que o fim está próximo.

O caminho da ressurreição, entretanto, incorpora os elementos mais admiráveis de cada um desses caminhos insuficientes. Primeiro, a ressurreição requer a intervenção direta e miraculosa de Deus. Evidentemente não possuímos o poder de ressuscitar os mortos; isso só pode vir do autor da vida. Precisamos do poder de Deus para nos libertar e ao nosso mundo da maldição do mal e da morte. Em outras palavras, devemos confiar na graça de Deus. Em segundo lugar, o fato de a ressurreição incluir continuidade significa que o que fazemos hoje pode perdurar na era por vir. Será que assim como a identidade, a aparência e até mesmo as cicatrizes de Jesus permaneceram após sua ressurreição, o nosso cultivo nesta terra também será preservado? Será que o nosso trabalho, aquele que fazemos em comunhão com Deus e por meio de seu poder, será retomado e incorporado em sua criação libertada, mesmo depois que os efeitos do mal forem eliminados? Será que nossos esforços para manifestar o reino de Deus hoje, assim como diz o caminho da evolução, podem durar por toda a eternidade?

Além de conectar a ressurreição de Jesus à transformação futura da terra, as Escrituras oferecem evidências adicionais de que nosso trabalho atual é realmente relevante. Paulo falou sobre a qualidade do trabalho de cada homem sendo testado no Dia do Juízo.[99] Algumas obras, por serem de má qualidade ou incompatíveis com o caráter

---

99. 1Coríntios 3:12–15.

de Deus, serão queimadas. Obras de alta qualidade, que ele comparou a ouro, prata e pedras preciosas, resistirão ao teste e sobreviverão.

Da mesma forma, a visão de João da Nova Jerusalém inclui uma cena em que os governantes da terra trazem a glória das nações para a cidade. Quais são essas glórias? Com base na visão de Isaías da Cidade Santa e na revelação de João, Richard Mouw aborda essa questão em seu livro *When the Kings Come Marching In* (Quando os Reis entrarem marchando, tradução livre). Argumenta que, em vez de destruir os artefatos e as criações das culturas pagãs, Deus irá purificá-los e redimi-los para seu uso na *Igreja do Amanhã* para sua glória. Mouw escreveu:

> *Quando os reis entrarem marchando, eles trarão o melhor de suas nações — até mesmo aquilo que era bom em sua cultura, mas que foi usado contra Deus e seu povo. A imagem final que temos da Cidade é, então, completa não apenas com a glória e a presença de Deus, não apenas com seus próprios projetos arquitetônicos incrivelmente lindos, não apenas com pessoas redimidas de todas as origens culturais — mas também com a cultura humana agora redimida.*[100]

As coisas que criamos e o trabalho que realizamos neste mundo terão lugar e até mesmo utilidade na *Igreja do Amanhã*, e em vez de ficarmos sentados nas nuvens cantando hinos por toda a eternidade, disse Mouw, as atividades culturais continuarão.

---

100. MOUW, Richard John. *When the Kings Come Marching. In*: Isaiah and the New Jerusalem. Grand Rapids: Eerdmans, 2002, p. 20.

O que encontramos nessa Cidade será mais parecido com nossos padrões culturais atuais do que geralmente entendemos em nossas discussões sobre a vida após a morte. Isaías retrata a Cidade Santa como um centro de comércio, um lugar que recebe vasos, mercadorias e moedas para atividade comercial. Isaías está, no jargão contemporâneo, interessado no futuro das "estruturas corporativas" e "padrões culturais".[101]

Esta é uma noção incrível. Na *Igreja do Amanhã*, o Rei Davi pode um dia admirar a estátua que Michelangelo fez dele, Handel pode muito bem tocar seu *Messias* para o Messias, e o trabalho em que mostramos talento e fomos chamados a fazer na era presente pode continuar na próxima, embora de uma forma redimida e imaculada. Saber exatamente o que vai durar e o que não vai durar é uma pergunta impossível de responder e nos levaria à especulação que vai além da revelação das Escrituras. Pelo nosso estudo da Bíblia e do caminho da ressurreição, no entanto, acredito que podemos definir três princípios:

1. A descontinuidade significa qualquer coisa inconsistente com o caráter de Deus e seu plano para a criação será eliminado na era por vir;

2. A continuidade significa que as coisas deste mundo, consistentes com o caráter e plano de Deus, irão perdurar;

3. Nossos esforços em manifestar a *Igreja do Amanhã* no presente, em que cultivamos ordem, beleza e abundância são importantes agora também serão na eternidade.

---

101. Ibid., 24.

Temos um papel a desempenhar no plano de Deus de unir o céu e a terra, para levar a história do mundo ao seu ponto culminante e para ver a terra cultivada na cidade-jardim. Em outras palavras, a intenção original de Deus para a humanidade foi restaurada em nós por meio de Jesus Cristo. No início, Deus chamou a humanidade para encher a terra e subjugá-la. Encarregou os portadores de sua imagem de levar a sua ordem, beleza e abundância até os confins da terra. Esta missão, frustrada e descarrilada por nossa rebelião, pode agora ser reengajada porque fomos reconciliados com Deus por meio da cruz e feitos novos em Cristo.

Jesus veio como o jardineiro mestre cultivando seu reino no pátio da prisão deste mundo. Ofereceu vislumbres da *Igreja do Amanhã* por meio de suas manifestações de ordem, beleza e abundância, mas este cultivo não terminou quando ascendeu ao Pai. Por meio da presença de seu Espírito, também nos tornamos jardineiros. Jesus pode ter alimentado multidões através de um milagre, mas os cristãos no livro de Atos criaram uma abundância de alimentos compartilhando seus recursos. Jesus venceu o caos com a ordem acalmando o mar, mas seu povo venceu o caos manifestando uma nova ordem que valorizava a dignidade de todos — ricos e pobres, homens e mulheres, judeus e gregos — e convidava todos a um relacionamento justo com Deus. Jesus revelou beleza ao curar corpos e refletir a glória de Deus, mas seus seguidores contribuíram para a beleza do mundo e refletiram a beleza de Deus o adorando com louvores, hinos e canções espirituais.

Assim como Jesus, somos jardineiros cultivando o mundo para que este se pareça cada vez mais com a cidade-jardim de Deus. Somos chamados para construir a *Igreja do Amanhã* hoje. Trabalhamos em nossas hortas no pátio da prisão, não apenas como um símbolo de esperança enquanto aguardamos nossa fuga final. Fazemos isso antecipando o dia em que a distância entre a Ilha de Robben e a Cidade do Cabo será eliminada — o dia em que o céu e a terra serão unidos, e a ordem, a beleza e a abundância que cultivamos se tornarão parte do mundo de amanhã. Essa é a grande esperança que encoraja a nossa vida em Cristo.

Até então, no entanto, como saberemos quais partes deste mundo devemos cultivar? Que pedaço de terra no pátio da prisão devemos arar? Onde devemos concentrar nossa energia e tempo, e o que realmente queremos que cresça lá? Essas são as questões de propósito que foram facilmente respondidas pelos caminhos da evolução e evacuação com base em seu entendimento sobre o que vai permanecer. A evolução disse que nosso propósito era mudar a sociedade, e a evacuação disse que nosso propósito era salvar almas; mas se "todas as coisas" são importantes para Deus,[102] como descobrimos qual trabalho é realmente importante? Para responder a essa pergunta, devemos voltar nossa atenção para um ensinamento maravilhoso, outrora acalentado pela igreja, mas amplamente ignorado em nossos dias: a vocação.

---

102. 1Coríntios 15:28.

CAPÍTULO VI
VOCAÇÃO

OS CHAMADOS

Deus não criou o cosmos e depois se aposentou para trabalhar com a igreja em tempo integral. Se Deus tivesse um cartão de visita, acho que diria: "Trabalho com todo o Universo". Está engajado no movimento das partículas mais infinitesimais, bem como nas maiores realizações da história humana. Preocupa-se com tudo isso e, como descobrimos no último capítulo, por meio de Jesus Cristo, está reconciliando tudo consigo mesmo. A questão, portanto, não é: com qual aspecto do mundo Deus mais se importa? — pergunta importante para os caminhos da evolução e da evacuação — é: em qual parte de seu mundo devo me envolver? Esta é a pergunta que encontramos no caminho da ressurreição.

A resposta se encontra na ideia teológica de vocação. A maioria das pessoas não considera a vocação um conceito teológico. Isso ocorre porque a palavra agora é usada como um sinônimo para a profissão ou para a carreira profissional de alguém, mas este não é seu significado original. Vocação vem da palavra latina *vocaré*, que significa "chamado". Séculos atrás, a palavra se aplicava apenas a bispos, padres e monges — aqueles que ocupavam cargos dentro da hierarquia da Igreja Católica Romana. Acreditava-se que o clero havia sido chamado por Deus; apenas estes tinham uma vocação, enquanto todos os outros simplesmente trabalhavam.

A ideia remonta a Eusébio, o bispo de Cesaréia no século IV, o qual afirmava que Cristo havia estabelecido dois modos de vida: a "vida perfeita" e a "vida permitida".[103] A vida perfeita era aquela para a qual Deus chamou o clero: uma vida de oração, adoração e serviço a Cristo por meio da igreja. Outras ocupações, embora não proibidas, carregavam menos dignidade. O trabalho de fazendeiros, artistas, mercadores e donas de casa não era maldito, mas também não era abençoado, e esses papéis certamente não eram chamados de Deus. Afinal, estavam preocupados com coisas terrenas, enquanto o clero estava ocupado com as coisas celestiais.[104]

Além de outros desafios específicos, essa hierarquia de trabalho persistiu no cristianismo ocidental por mil anos até a Reforma Protestante. Líderes como Martinho Lutero e João Calvino trouxeram os cristãos de volta à autoridade das Escrituras de onde não encontraram nenhuma justificativa para a exaltação do clero ou o rebaixamento dos outros tipos de trabalhos. Em vez disso, afirmaram o sacerdócio de todos os crentes — a noção de que todo cristão tem comunhão direta com Deus por meio

---

103. GUINNESS, Os. *The Call*: finding and fulfilling God's purpose for your life. Nashville: Thomas Nelson, 2003, p. 32.
104. EUSÉBIO DE CESARÉIA. Demonstration of the Gospel. *In The Proof of the Gospel*: Being the Demonstratio Evangelica of Eusebius of Caesarea. Vol 1. Londres: Spck, 1920. p. 48-50.

de Cristo sem a mediação de um sacerdote terreno — e expandiram a ideia católica romana de vocação incluindo todas as pessoas. Notaram que o Novo Testamento afirmava que cada indivíduo deveria fazer "algo de útil com as mãos, para que tenha o que repartir com quem estiver em necessidade".[105] Isso foi mais do que uma repreensão à preguiça; era uma exortação para trabalhar, incluindo o trabalho físico, como forma de abençoar os outros e manifestar o amor cristão.

Os reformadores protestantes também reconheceram que a adoração a Deus não se limitava ao tempo de uma pessoa em uma catedral. Deus recebia glória nas atividades normais da vida, incluindo o trabalho. Como Paulo instruiu os coríntios: "façam tudo para a glória de Deus".[106] Destes e outros versículos nas Escrituras, concluíram que todo trabalho devia ser visto como nobre, que honrava a Cristo e tinha valor. Lutero escreveu:

> *As obras dos monges e dos sacerdotes, por sagradas e difíceis que sejam, absolutamente em nada se distinguem, ante os olhos de Deus, das obras de um lavrador que trabalha no campo ou de uma mulher que atende seus afazeres domésticos, mas que, ante o Senhor, todos são medidos somente pela fé (...) E mais: com frequência acontece que a obra doméstica e vil de uma criada ou de um criado é*

---
105. Efésios 4:28.
106. 1 Coríntios 10:31.

mais grata que todos os jejuns e as obras de um monge e de um sacerdote, por falta de fé.[107]

Com o ajuste da doutrina da vocação, muitos passaram a ver seus trabalhos de maneira diferente: não como um trabalho servil a ser suportado, mas como um chamado ordenado por Deus a ser seguido com zelo religioso. Isso resultou em uma nova devoção ao trabalho, que os historiadores chamam de "a ética de trabalho protestante", e foi associada a uma visão de que Cristo estava ativamente engajado em todas as esferas do mundo, não apenas na igreja. O teólogo e primeiro-ministro holandês Abraham Kuyper escreveu: "Na extensão total da vida humana não há um único centímetro quadrado do qual o Cristo, o único soberano, não declare: 'Isso é meu!'"[108] Esse novo entendimento sobre o trabalho significava que coisas que a igreja havia abandonado há muito tempo repentinamente tornaram-se importantes. O comércio, a agricultura, o governo e o lar foram legitimados e foram até considerados arenas sagradas para o serviço a Deus, e uma pessoa descobria onde servir da mesma forma que o clero o fazia: ouvindo o chamado de Cristo para sua vida.

Apesar da correta retificação da visão das duas classes de vocação de Eusébio, a visão protestante ainda tinha uma fraqueza. Alguns cristãos poderiam dar mais importância ao trabalho que Deus lhes deu do que deveriam.

---

107. LUTERO, Martinho. *Do cativeiro Babilônico da Igreja*. *In Obras selecionadas*: O Programa da Reforma. Vol 2. São Leopoldo: Editora Sinodal, 2015. p. 390.
108. KUYPER, Abraham. *Souvereiniteit in Eigen Kring*. Amsterdam: J. H. Kruyt, 1880, p. 35.

Em outras palavras, a visão protestante da vocação poderia transformar seu trabalho em um ídolo. Os puritanos perceberam esse perigo, e como proteção, articularam uma teologia vocacional com mais nuances reconhecendo que cada pessoa tinha vários chamados que precisavam ser cultivados simultaneamente. Entendiam que todo cristão tinha um chamado superior, um chamado comum e um chamado específico.

Os puritanos pregavam que a vocação mais elevada de cada pessoa não era o seu trabalho, era o próprio Cristo. Como Os Guinness articulou maravilhosamente: "Em primeiro lugar, somos chamados a Alguém (Deus), não a algo (como a maternidade, a política ou o ensino) ou a algum lugar (como o centro de uma cidade ou à Mongólia)."[109] Essa é uma ideia que abordei extensivamente em meu livro anterior *Vida com Deus: Redescubra seu relacionamento com Ele*. Escrevi sobre a tentação de construir nossas vidas em torno do que fazemos para Deus em vez de nossa comunhão com ele, e como a sutil, mas tóxica, idolatria do ministério está difundida na igreja contemporânea. A única maneira de superar essa tentação é encontrar nossa alegria maior em Cristo e, em sua presença descobrir o mistério divino de que sua alegria se completa em nós. Em outras palavras, Deus não precisa de nós. Ele nos quer.

Após o nosso chamado superior de viver com Cristo, os puritanos acreditavam que todos os cristãos também compartilham de um conjunto de chamados comuns. Estes são os vários mandamentos encontrados

---
109. GUINNESS, Os. *The Call*. Nashville: Thomas Nelson, 2003, p. 31.

nas Escrituras que se aplicam a todos os filhos de Deus, de todos os tempos e lugares — instruções de como amar uns aos outros, orar por aqueles que nos perseguem, perdoar aqueles que nos prejudicaram, doar aos necessitados, honrar pai e mãe, não roubar, não cobiçar, não cometer adultério, estar preparado para compartilhar sobre sua esperança em Cristo e centenas de outros mandamentos. Hoje, os nossos chamados comuns são o foco de nossas comunidades cristãs quase exclusivamente. A razão para isso é simples — os chamados comuns são fáceis de descobrir. Basta abrir a Bíblia e lê-los. Depois de ler Efésios, o pastor Pedro pode se apresentar diante de sua congregação no domingo com autoridade divina e dizer: "Maridos, amem suas esposas". Este é um chamado comum a todos os cristãos casados, mas o pastor Pedro não poderá citar capítulos e versículos para proclamar um chamado específico como "Patrícia, vá para a faculdade estudar direito". Um chamado específico, que é o que muitas vezes queremos dizer quando usamos a palavra vocação, exige que a Patrícia viva em comunhão com Deus e discirna seu chamado diretamente dele. Embora seu chamado específico possa ser abençoado e confirmado pelos membros de sua comunidade cristã, assim como aconteceu com Paulo e Barnabé em Atos 13, não pode ser descoberto sem o papel iluminador do Espírito de Deus em sua vida.

Eis o problema. Em muitas de nossas comunidades cristãs, há uma negação funcional do Espírito

Santo. Podemos confirmar o Espírito como uma verdade doutrinária, mas a realidade de sua presença é frequentemente ignorada. Como resultado, os cristãos não estão equipados para viver seu chamado superior (comunhão com Deus) ou para discernir seu chamado específico (vocação). O que resta é a única coisa que a igreja pode acessar sem a presença do Espírito: as Escrituras. Embora sejam entregues por Deus e certamente bons, os nossos chamados comuns, conforme representados na Bíblia, constituem apenas uma faceta de nossa vida cristã, e sem a presença do Espírito, permaneceremos impotentes para obedecer a esses mandamentos. Por essa razão, se os cristãos não compreenderem seu chamado superior de viver em comunhão vibrante e contínua com Deus por meio da presença do Espírito Santo, tampouco o nosso chamado comum ou o específico podem ser devidamente engajados. Se retificarmos o nosso chamado superior, e recebermos a realidade do Espírito em nossas vidas, então, na maioria dos casos, nossos outros chamados cuidarão de si mesmos.[110]

A DIVISÃO

Ao ignorar as doutrinas de nossos chamados superior e específico, a igreja contemporânea também se viu empregando um modelo de liderança que mais se parece com

---

110. Se você está confuso com esse chamado superior de viver com Deus, recomendo a leitura de meu livro anterior, *Vida com Deus: Redescubra seu relacionamento com Ele*. São Paulo: Maquinaria Sankto, 2021.

uma empresa onde um único líder visionário determina o trabalho de todos. Atraídos pela eficiência e pelo sucesso das grandes empresas, muitos pastores se consideram presidentes de uma organização. Articulam uma missão, definem metas, reúnem pessoas e recursos ao seu redor e, finalmente, alinham todos para realizar uma única tarefa. Este modelo pareceria familiar para Eusébio e provavelmente seria apoiado por ele. Nele, o líder da igreja é o indivíduo que ouve a Deus e o trabalho da igreja institucional é o que importa em última instância. Se alguém é enfermeiro, fazendeiro, arquiteto ou lojista é irrelevante, contanto que esteja envolvido com da visão da igreja em seu tempo livre e contribua de alguma forma para isso. O valor de uma pessoa, neste modelo, é determinado por quão seriamente ela se alinha com a visão e missão da igreja institucional.

Frequentemente, a missão articulada neste modelo está enraizada nas Escrituras e em parte de nossos chamados comuns, como o chamado para "fazer discípulos" ou ser "testemunhas de Jesus Cristo". Quem discordaria da importância dessas obras? Ainda assim, quando esses chamados são desvinculados de nosso chamado superior (comunhão com Deus) ou das vocações específicas que Cristo deu a cada um de seus seguidores isso pode causar um grande dano. Quando isso acontece, o trabalho da igreja institucional se torna rapidamente exaustivo e muitos cristãos desenvolvem a suspeita de que os líderes da igreja realmente só se preocupam em alcançar os objetivos de sua instituição. Começam a sentir que os líderes estão os usando em vez de os amando.

Eu fui culpado disso. Por anos servi como pastor na área de ensino em minha igreja, mas depois deixei a equipe pastoral para buscar um chamado fora da igreja institucional. Pela primeira vez desde que havia me formado no seminário, me vi nos bancos da igreja com mais frequência do que no púlpito e isso mudou minha perspectiva. Trabalhar como editor de uma revista cristã, viajar com mais frequência e fazer malabarismos com uma família jovem deixava pouco tempo flexível em minha agenda. Simplesmente não era possível participar de tudo o que a igreja me pedia e, ao mesmo tempo, cumprir o chamado específico que acreditava que Deus havia me dado fora da igreja.

Em poucos meses, entendi como a maioria das pessoas em minha congregação se sentia e percebi como muitos de meus sermões anteriores podem ter sido insensíveis e ter gerado culpa. Durante anos os exortei a dedicar mais tempo, dinheiro e energia ao trabalho da igreja institucional, sermão após sermão, com pouco ou nenhum entendimento ou apoio aos seus chamados específicos no mundo. Eu tinha inadvertidamente criado uma divisão entre o secular e o sagrado, onde o chamado "sagrado" da igreja se contrapunha aos chamados "seculares" do mundo. Nunca disse isso explicitamente em um sermão, mas muitas vezes deixei implícito.

Meses depois, quando fui convidado a pregar novamente, minha mensagem incluía um pedido de desculpas porque eu não entendia o valor do trabalho fora da igreja. O sermão foi recebido com gritos de "Amém!" — não é uma ocorrência comum em nossa congregação suburbana e predominantemente branca, mas compreensível porque eu finalmente rompi meu foco rígido em nossos chamados comuns para enxergar que Cristo também havia dado chamados específicos para cada um de seus filhos. Finalmente enxerguei a loucura da divisão sagrado/secular que dominou minha postura em relação ao ministério por anos.

A resistência à divisão sagrado/secular e a expectativa de que o primeiro compromisso fosse com a igreja institucional são especialmente evidentes entre os jovens adultos que mentoreei. Embora as gerações anteriores de cristãos possam ter valorizado a ideia de entregarem suas vidas e fortunas a uma instituição, os jovens de hoje não seguem esta conduta. Na verdade, estão cada vez mais desconfiados sobre todas as grandes organizações. Como Laura Hansen, professora assistente de sociologia na *Western New England University*, disse: "Perdemos a fé na mídia: lembra de Walter Cronkite? Nós perdemos a fé em nossa cultura: você não pode escolher um astro de cinema que te inspire, porque sabemos muito sobre ele. Perdemos a fé na política, porque sabemos muito sobre a vida dos políticos. Nós perdemos a fé — aquele senso básico de confiança e segurança — em tudo."[111] A igreja não é diferente. De acordo com a Gallup, quarenta anos

---

111. FOURNIER, Ron; QUINTON, Sophie. How Americans Lost Trust in Our Greatest Institutions. *The Atlantic*, 20 abr. 2012. Disponível em: http://www.theatlantic.com/politics/archive/2012/04/how-americans-lost-trust-in-our-greatest-institutions/256163/.

atrás 68% dos estadunidenses relatavam ter uma confiança forte ou alta na igreja. Hoje são apenas 44%; entre os jovens é ainda menor.[112]

A falta de resposta desta geração ao chamado da igreja institucional deixou muitos pastores confusos. Acreditam erroneamente que é uma questão de estilo. "Se apenas mudarmos nossa música, adicionarmos algumas velas e aumentarmos o fator 'legal', mais jovens virão", dizem eles. Outros culpam a imaturidade. No primeiro capítulo eu mencionei um pastor que me perguntou: "Como faço para que uma geração que não acredita em compromisso se comprometa com a igreja?" Não acredito que o problema seja estilo ou imaturidade; o problema está na igreja que perdeu a teologia da vocação. Não conseguimos enxergar além de nossos chamados comuns e ver o nosso chamado superior (Deus) e chamado específico (vocação).

Os jovens de hoje, talvez mais do que as gerações anteriores, têm um forte senso de suas vocações específicas. Acreditam que Deus os chamou para os negócios, as artes, o governo, o lar, a educação, a mídia, o setor social ou a saúde, e muitas vezes estão muito comprometidos com esses espaços de engajamento cultural. Ainda assim, quando seus chamados específicos não são reconhecidos pela igreja institucional e, em vez disso, apenas os chamados comuns ou os objetivos da organização são exaltados, é improvável que os jovens se engajem. Em vez de abraçar

---

112. SAAD, Lydia. U.S. Confidence in Organized Religion at Low Point. *Gallup Politics*, 10 jul. 2012. Disponível em: http://www.gallup.com/poll/155690/confidence–organized–religion–low–point.aspx. Acesso em: 24 ago. 2021.

a plenitude da vida cristã que compreende múltiplas facetas — chamado superior, comum e específico — a igreja, sem saber, comunica que seguir a Cristo é uma tensão entre o chamado sagrado e o trabalho secular. Você deve sacrificar seu chamado secular específico para realizar mais do trabalho sagrado que a igreja institucional alega ser o que realmente importa. Essa mensagem carregada de culpa é uma mensagem que uma geração jovem e cansada tem muito menos probabilidade de tolerar. É interpretado como um jogo de poder em benefício dos líderes da igreja, mesmo que, como eu, estes nunca tenham feito isso de propósito. O erro de Eusébio está vivo e arraigado na igreja ocidental hoje.

Isso quer dizer que a igreja institucional deve parar de enfatizar nossos chamados comuns ou sua missão evangelística? Absolutamente não! Em vez disso, é vital que a igreja redescubra a dignidade dada por Deus a todos os chamados e como esses se encaixam uns com os outros. Não é responsabilidade do pastor afastar mais pessoas dos compromissos "seculares" para ajudá-lo no trabalho "sagrado", é eliminar essas categorias nas vidas daqueles que ele lidera, a fim de que Cristo possa vir a reinar sobre todas as partes de suas vidas.

Ecoando a fala dos reformadores protestantes e dos puritanos, Dallas Willard reconhece o perigo de compartimentalizar nosso trabalho e a ilusão destrutiva que ele fomenta. Ele disse:

Não há verdadeiramente uma divisão entre o sagrado e secular, exceto aquela que nós criamos. Por isso, a divisão dos papéis e funções legítimas da vida humana em sagrado e secular causa um dano incalculável à nossa vida individual e à causa de Cristo. Pessoas santas devem deixar de considerar "as obras da igreja" como seu curso natural de ação e assumir a ordem santa na fazenda, na indústria, na lei, na educação, no sistema bancário e no jornalismo com o mesmo zelo manifesto na evangelização e no trabalho pastoral e missionário.[113]

Se quisermos abraçar essa visão unificada, então devemos encontrar um modelo diferente de liderança da igreja, bem como uma nova maneira de validar o valor do chamado específico de cada pessoa dentro de nossas comunidades cristãs.

O CONTRAMESTRE

"Certo, agora preste atenção". Poucas pessoas falam com James Bond com mais condescendência do que seu contramestre (*quartermaster* em inglês) — simplesmente conhecido como Q. As interações entre Bond e o Q costumavam ser minhas cenas favoritas nos filmes de 007 e seguiam uma fórmula previsível. Tendo recebido suas ordens de M, a chefe do serviço secreto britânico, Bond então reportava a Q para receber as engenhocas, dispositivos e armas necessárias para cumprir sua missão. O desrespeito casual de Bond pelo trabalho do intendente

---

113. WILLARD, Dallas. *O Espírito das Disciplinas*: Entendendo Como Deus Transforma Vidas. Rio de Janeiro: Editorial Habacuc, 2003, p. 214.

causava uma tensão divertida entre os dois e provocava chamadas de atenção frustradas de Q: "Preste atenção, 0-0-7!"

O padrão evidente no Serviço Secreto de Sua Majestade se encaixa perfeitamente com o que as Escrituras dizem sobre o papel dos líderes na igreja. Enquanto o modelo popular de ministério hoje vê os pastores mais como a M — o chefe organizacional que determina as missões dos agentes — o Novo Testamento apresenta um modelo de liderança da igreja que se parece mais com o Q. O apóstolo Paulo disse:

> *E ele [Cristo] designou alguns para apóstolos, outros para profetas, outros para evangelistas, e outros para pastores e mestres, com o fim de preparar os santos para a obra do ministério, para que o corpo de Cristo seja edificado, até que todos alcancemos a unidade da fé e do conhecimento do Filho de Deus (...)*[114]

Assim como o contramestre de Bond, os líderes devem "equipar" o povo de Cristo. Esses equipamentos são, primeiramente, sobrepostos ao nosso chamado comum de edificar o corpo de Cristo. Em outras palavras, os líderes nos equipam para servir uns aos outros dentro da comunidade cristã, para que todos possamos crescer em nossa comunhão com Cristo. Aqui está outra maneira de pensar sobre os líderes da igreja: o chamado específico do pastor (equipar os santos) nos permite

---

114. Efésios 4:11-13.

cumprir nosso chamado comum (edificar a família da igreja), para que todos alcancemos nosso chamado superior (viver em unidade com Cristo).

Nesse modelo de liderança, no entanto, o líder da igreja não possui o mandato de determinar o chamado específico de cada crente. O pastor não é como a M — aquela que determina a missão de cada um dos "agentes especiais" de Deus. Embora todos nós tenhamos chamados em comum que podem ser conhecidos e articulados por um pastor, como discutido anteriormente, determinar o chamado específico de cada pessoa é uma tarefa reservada apenas a Deus. Por exemplo, antes de ascender ao Pai, Jesus chamou Pedro para o pastoreio de seus discípulos. Três vezes Jesus disse a Pedro para "alimentar" ou "cuidar" de suas ovelhas. Além disso, o Senhor disse que o chamado específico de Pedro incluiria o martírio. Talvez Pedro não estivesse muito entusiasmado com esse caminho profissional, porque, imediatamente após ouvi-lo, notou outro discípulo, João, e perguntou a Jesus sobre seu chamado específico. O Senhor rapidamente repreendeu Pedro: "Se eu quiser que ele permaneça vivo até que eu volte, o que lhe importa? Quanto a você, siga-me!"[115] Nessa cena, vemos a tentação de Pedro de ultrapassar o seu papel de equipar e alimentar as ovelhas. Ele queria saber, e talvez influenciar, a vocação específica de João; mas Jesus deixou claro que esse tipo de chamado não era responsabilidade de Pedro. Da mesma forma, quando Jesus disse:

---

115. João 21:22.

"A colheita é grande, mas os trabalhadores são poucos",[116] não disse aos apóstolos para chamar ou enviar mais trabalhadores. Em vez disso, instruiu "Peçam, pois, ao Senhor da colheita que envie trabalhadores para a sua colheita".[117] O chamado é prerrogativa do Senhor. Ele é a cabeça da igreja, dirigindo cada um de seus servos para a obra determinada.

Isso requer um modelo diferente de liderança na igreja. Em vez de um modelo de CEO de comando e controle, onde o pastor busca alinhar cada pessoa e recurso em torno dos objetivos institucionais da igreja, os líderes devem equipar o povo de Deus para cumprir os chamados específicos que receberam do Senhor, pois são uma maneira significativa da obra de Deus se manifestar no mundo. Como Paulo disse antes em sua carta aos Efésios: "Porque somos criação de Deus realizada em Cristo Jesus para fazermos boas obras, as quais Deus preparou antes para nós as praticarmos".[118] Algumas dessas "boas obras" se enquadram na categoria de nosso chamado comum, mas muito mais delas serão as obras específicas atribuídas a cada um dos filhos de Deus. Esse modelo de liderança também anularia as objeções e o cinismo de uma geração que vê a igreja como interesseira. Em vez de simplesmente recrutar cristãos para servir dentro dos limites da igreja institucional, o modelo de liderança capacitadora ajuda cada

---

116. Mateus 9:37.
117. Mateus 9:38.
118. Efésios 2:10.

pessoa a descobrir e cumprir o chamado de Cristo para sua vida em seu mundo.

Imagine uma comunidade cristã onde os seguidores de Cristo não estão apenas focados em programas voltados à igreja, mas são ensinados a ter comunhão com Cristo e glorificá-lo nos negócios, nas artes, na medicina, na educação e em todos os outros canais da cultura de onde foram chamados. Tal igreja existiria não para promover sua própria agenda, mas para promover o bem comum. Cada pessoa saberia qual parte do mundo de Deus é chamada a cultivar com a ordem, a beleza e a abundância da *Igreja do Amanhã*. Seus chamados seriam diversos, ocorrendo em diferentes partes do mundo e em vários canais da cultura, mas cada chamado seria considerado pela igreja como vindo de Cristo e como parte de seu plano de redimir todas as coisas.

À medida que os cristãos são equipados para esses chamados, suas boas obras beneficiariam não apenas a igreja, mas a tudo e a todos na comunidade. Imagine educadores cristãos trazendo ordem, beleza e abundância às escolas para que os alunos e suas famílias prosperem. Imagine líderes empresariais cristãos cultivando indústrias que valorizam as pessoas, pagam por seu trabalho de maneira justa e administram os recursos naturais sabiamente. Imagine artistas cristãos criando obras de beleza que levantam o ânimo daqueles que enfrentam guerras ou doenças. Imagine os líderes civis cristãos aprovando leis justas para garantir que o mal seja contido e que a ordem vital seja possível. Esses cristãos não trariam apenas crescimento ao nosso mundo, mas também cultivariam a presença da *Igreja do Amanhã* hoje. Serviriam como sinais da presença de Deus no mundo e de sua missão de redimir todas as coisas por meio do poder da ressurreição de Cristo. Como Dorothy Sayers disse: "Os cristãos, e particularmente o clero cristão, devem colocar firmemente em suas cabeças que quando um homem ou mulher é chamado para um determinado trabalho secular, essa é uma vocação tão verdadeira como se ele ou ela fosse chamado para o trabalho especificamente religioso."[119]

Os caminhos da evolução e da evacuação não têm utilidade para a teologia da vocação, o que explica por que a ideia de vocação praticamente desapareceu na igreja contemporânea. Esses caminhos, e os líderes que os promovem, têm predeterminado qual trabalho é importante. Um valoriza a transformação social e o outro valoriza a salvação de almas. Se Deus está trabalhando na redenção de todas as coisas, no entanto, e essa redenção foi inaugurada na ressurreição de Jesus, ouvir o seu chamado para nossas vidas assume uma importância incomparável. Seu chamado é como descobrimos em qual parte do mundo fomos chamados para cultivar até que esta reflita os valores da *Igreja do Amanhã*. No entanto, receber os nossos chamados específicos só pode acontecer por meio da presença do Espírito

---

119. SAYERS, Dorothy. *Letters to a Diminished Church*: Passionate Arguments for the Relevance of Christian Doctrine. Nashville: Thomas Nelson, 2004, p. 131.

Santo e quando a liderança da igreja está focada em equipar o povo de Deus ao invés de usá-los.

Tendo reintroduzido um entendimento da vocação, veremos agora o que pode acontecer quando o povo de Deus vê o seu trabalho no mundo como um chamado divino. Veremos como a ordem, a beleza e a abundância da *Igreja do Amanhã* estão sendo cultivadas em nosso mundo hoje.

CAPÍTULO VII
ORDEM

A IMAGEM

"Eu me considero mais um pai do que um policial", disse o sargento Mike Geiger do departamento de polícia de Portland, Oregon. Geiger lidera a unidade de tráfico humano de Portland e organizou uma campanha bem-sucedida em 2009 onde expandiu a atuação da cidade na proteção das crianças contra maníacos sexuais. Em vez de qualificar as prostitutas menores de idade como cúmplices, a polícia agora as vê como vítimas. Graças a Geiger, solicitar sexo a um menor agora é classificado como um crime grave e é investigado por detetives. "Nossos filhos não são cúmplices. Não é apenas uma mudança de política", diz ele. "É uma mudança total de pensamento".

Um relatório investigativo de 2010 identificou a cidade de Portland como "o centro nacional do tráfico sexual infantil". O sargento Geiger, entretanto, está tentando mudar isso. Liderando uma equipe de detetives em colaboração com o FBI, rastreia as vítimas, levando-as para abrigos de recuperação, e prende seus cafetões. Geiger reconhece que seu chamado de proteger os inocentes e buscar justiça está enraizado em sua fé em Cristo. "Quando falamos sobre essas pessoas vulneráveis, minha fé estipula que é nosso dever protegê-las e alimentá-las. A advertência de Jesus sobre a pedra de moinho enfatiza o valor inerente de todas as crianças".[120]

O Sargento Geiger representa uma das maneiras pela qual a *Igreja do Amanhã* está sendo cultivada em nosso mundo hoje. A futura cidade-jardim de Deus será um lugar onde não haverá mal ou qualquer injustiça; veremos o mundo perfeitamente organizado para que tudo possam florescer. Todavia, aqueles que pertencem a Cristo e experimentaram o poder renovador de sua ressurreição não se contentam em esperar passivamente para que esse futuro chegue. Estão cultivando a ordem da *Igreja do Amanhã* em antecipação ao que está por vir. O sargento Geiger é chamado para buscar a ordem como policial em Portland. Cultiva fielmente seu jardim buscando a justiça, restaurando as vítimas e se assegurando de que a cidade de Portland esteja protegendo os inocentes e vulneráveis.

O anseio por ordem não se limita aos chamados à justiça criminal. É parte da imagem de Deus impressa em todos. As crianças parecem ser agentes do caos. Entram em nossas vidas como pequenas armas de destruição em massa e destroem nossas existências outrora bem ordenadas, mas os pesquisadores insistem em afirmar que seus jovens cérebros prosperam onde há ordem, rotina e previsibilidade. Como qualquer novos pais sabem bem, colocar um bebê no ritmo de dormir e comer não é apenas crítico

---

120. BEATY, Katelyn. Portland's Quiet Abolitionists. *Christianity Today*, Carol Stream, IL, Nov. 2011. Disponível em: http://www.christianitytoday.com/ct/2011/november/portlandabolitionists.html. Acesso em: 28 ago. 2021.

para a saúde da criança, mas também para a sanidade dos pais. O que os adultos interpretam como comportamento destrutivo exibido por muitas crianças, é na verdade, segundo os pesquisadores, um aprendizado exploratório. O processo de pegar objetos, colocá-los na boca e até mesmo jogá-los pela sala é como o cérebro de uma criança descobre padrões e começa a dar sentido ao mundo. Em outras palavras, uma criança começa a ordenar seu mundo destruindo o nosso.

O artista M. C. Escher, mais conhecido por desenhar ilusões de ótica, disse: "Adoramos o caos porque amamos produzir ordem".[121] Fomos criados para a ordem. Isso acontece quando um cientista descobre um novo princípio do que parecia ser um universo aleatório. Acontece quando um líder comunitário organiza os cidadãos para realizar uma tarefa. Acontece quando uma criança usa blocos para construir uma torre. Sempre que criamos sistemas de gestão, categorias de organização, ou construímos estruturas mais complexas a partir de estruturas simples, estamos ordenando e, em tais ações, refletimos a imagem de nosso Criador.

A narrativa no início de Gênesis revela Deus causando a ordem a partir de um mar primordial de caos. Separou o mar do céu, a terra da água, a escuridão da luz. Estabeleceu fronteiras, categorias e limites para os vários elementos do cosmos e então preencheu esses reinos demarcados. Os céus foram povoados com corpos celestes. Os mares

---

121. SCHATTSCHNEIDER, Doris; EMMER, Michele (ed.). *M.C. Escher's legacy*: a centennial celebration. Berlin: Springer Press, 2005. p. 71.

enchidos de peixes e os céus de pássaros. Depois de criar o homem e a mulher, Deus os convidou a se juntar a ele em seu ordenamento contínuo do planeta. Seu mandato era: "encham e subjuguem a terra".[122] A humanidade deveria replicar a ordem do Éden até os confins da terra e o homem começou nomeando os animais — um ato de ordenação.

A busca pela ordem é um instinto vindo de Deus e impresso em nossa espécie. Assim como os pássaros voam e os peixes nadam, os humanos criam ordem. Pedras, areia, e cimento são ordenadas em tijolos. Tijolos são ordenados em edifícios. Edifícios são ordenados em cidades. Cidades em civilizações. No entanto, a ideia bíblica de ordem é mais do que juntar matérias-primas e fabricar algo. Conforme vimos no segundo capítulo, Deus ordenou que o jardim do Éden fosse um reino de *shalom* — um lugar de florescimento abrangente onde todas as coisas prosperariam ao seu potencial máximo. Todas as coisas tinham que estar em um relacionamento adequado umas com as outras para que isso possa possível. Humanos com Deus, humanos uns com os outros e humanos com a criação. Existe uma dimensão relacional e material na ordenação.

Os hebreus antigos tinham uma palavra para descrever a ordem correta destes relacionamentos — *sedeq*. Traduzimos a palavra como "retidão" ou "justiça", mas a palavra denota mais do que a noção abstrata de virtude. É a "posição adequada e o consequente comportamento correto

---

122. Gênesis 1:28.

em uma comunidade".[123] A retidão trata da organização adequada dos relacionamentos para que o florescimento seja possível. *Sedeq* é exatamente o que vemos no início da criação. O mundo recém-ordenado é declarado por Deus como "muito bom". Todas as coisas estão devidamente ordenadas para florescerem, começando com o relacionamento da humanidade com Deus. Sob sua autoridade e em comunhão com ele, a humanidade estava posicionada para continuar a ordenar o mundo à medida que crescesse em números para produzir cada vez mais florescimento.

No entanto, conforme descrito no capítulo mencionado, os humanos revogaram seu relacionamento com Deus e desencadearam uma desastrosa reação em cadeia que destruiu o *shalom* da criação e interrompeu o ordenamento adequado do cosmos. Em Gênesis 3, descobrimos como a injustiça da humanidade — a transgressão do relacionamento humano-divino — resultou no colapso de todos os outros relacionamentos. O vínculo entre o homem e a mulher seria marcado mais pela contenda do que pela colaboração frutífera e, em vez de se submeter à ordem da humanidade, a Terra agora resistiria aos seus esforços. O que Deus pretendeu que fosse nosso trabalho criativo tornou-se uma labuta frustrante. Muito do nosso trabalho neste mundo é, agora, uma batalha contra as forças do caos. O que construímos logo cai. O que ordenamos se desarranja rapidamente.

---

123. WRIGHT, N. T. Righteousness. *In* WRIGHT, David F.; FERGUSON, Sinclair B.; PACKER, J. I. (ed.). *New Dictionary of Theology*. Downers Grove, IL: Intervarsity Press, 1997. p. 590-592. Disponível em: http://ntwrightpage.com/Wright_NDCT_Righteousness.htm. Acesso em: 28 ago. 2021.

O impacto desordenado do pecado, entretanto, não é apenas evidente em nosso mundo. Também distorceu a imagem de Deus que cada um de nós carrega. Quando usamos nosso poder para estabelecer relacionamentos corretos e coordenar o florescimento de todas as coisas, projetamos a imagem de Deus fielmente em seu mundo. Grande parte da história humana, no entanto, é a história de pessoas abusando de seu poder em busca de seu próprio florescimento às custas de outros. Somos uma espécie inclinada à injustiça. Quando fazemos mau uso de nosso poder, não estamos apenas inibindo o florescimento e causando injustiça a outros, mas também distorcendo a imagem de Deus que apresentamos ao mundo.

Considere o poder de um pai sobre seu filho. Usado de maneira adequada, seu poder pode criar um lar no qual a criança experimenta amor e proteção. O pai estabelece regras e limites para a segurança e o desenvolvimento da criança, e usa sua autoridade para o melhor interesse de seu filho, a quem ama. O seu poder cria ordem para que o filho possa florescer, e assim o pai reflete a imagem de Deus. Infelizmente, alguns pais usam o seu poder abusando de seus filhos de várias maneiras — fisicamente, emocionalmente ou mesmo economicamente. Nesses casos, a criança não florescerá e provavelmente desenvolverá desconfiança em relação a todas as figuras de autoridade. Sua habilidade de reconhecer a bondade de Deus será severamente prejudicada porque a figura de Deus em sua vida não demonstrou sua imagem adequadamente. Em vez disso, foi apresentado a uma falsa imagem de

Deus — um ídolo do caos e da injustiça decidido a usá-lo em vez de abençoá-lo. A injustiça em sua raiz é idolatria porque apresenta uma falsa imagem de Deus para aqueles que estão sendo explorados.

Essa é a desordem que o sargento Geiger está tentando corrigir em Portland. Junto com sua unidade especial de oficiais, busca a retidão — a ordem correta nos relacionamentos. As crianças traficadas, os cafetões, os 'clientes' e toda a cidade de Portland florescerão quando a injustiça da prostituição infantil acabar. O sargento está usando seu poder para ordenar corretamente sua parte do mundo e, dessa forma, revelando aos outros fielmente o Deus cuja imagem ele carrega.

AS NOTÍCIAS

Joslyn Baker também está na linha de frente da luta contra a indústria do tráfico de crianças em Portland como especialista em Exploração Sexual Comercial de Crianças no Condado de Multnomah. "No final do dia, prendemos o bandido e damos roupas e tratamento de saúde à menina", diz ela. "Mas quem vai amar esta criança? Quem conta para ela uma outra narrativa além de 'você só serve para vender seu corpo'?"[124]

Baker reconhece que buscar a correta ordem da sociedade é apenas parte de nosso trabalho como cristãos neste mundo. Seu chamado específico é ajudar o governo a

---

124. BAKER, Joslyn, apud BEATY, Katelyn. Portland's Quiet Abolitionists. *Christianity Today*, Carol Stream, IL, nov. 2011.

cultivar uma comunidade mais justa e íntegra, mas outros em Portland são chamados por Cristo para restaurar a ordem de uma maneira diferente. "Quando as meninas pensam que não têm valor ao ponto de se venderem, algo foi perdido ao longo do caminho", diz Geiger. "A igreja pode ajudar com isso".

"A igreja tem algo especial: nós temos as boas novas", disse Shoshon Tama-Sweet, que luta para acabar com o tráfico em Portland desde 2005.[125]

O evangelismo, ou o compartilhar das boas novas de Jesus Cristo, também faz parte do cultivo da ordem que leva ao florescimento. Devido aos debates calorosos que estão sendo travados atualmente na igreja, entre os defensores da justiça social e do evangelismo, pode parecer estranho ver os dois chamados como tendo sua raiz no mesmo valor. Aqueles que acreditam na prioridade da justiça, dizem que o evangelismo da igreja não terá validade se não for acompanhado por ações sociais. Cristãos que priorizam o evangelismo, no entanto, argumentam que a salvação eterna de uma pessoa deve superar qualquer bem temporal que ela possa alcançar por meio do ativismo social.

John Stott, que testemunhou muitas dessas batalhas, também deliberou sobre a questão do evangelismo e justiça social, e concluiu que ambos os lados da controvérsia estavam errados. Em seu livro *A Missão Cristã no Mundo Moderno*, Stott argumenta que a maioria das pessoas tenta

---

125. TAMA-SWEET, Shoshon, apud BEATY, Katelyn. Portland's Quiet Abolitionists. *Christianity Today*, Carol Stream, IL, nov. 2011.

tornar a justiça social superior ou subordinada ao evangelismo.¹²⁶ A posição que considera a justiça social superior ao evangelismo diminui a importância de levar as pessoas à reconciliação com Deus por meio de Cristo — algo que Stott entendeu ser totalmente incongruente com o Novo Testamento. A posição que considera a justiça social subordinada ao evangelismo, no entanto, é igualmente insustentável, já que esta transforma a ação social em um dispositivo de relações públicas, uma forma de ganhar favores a fim de gerar mais conversões. Stott escreveu: "Em sua forma mais flagrante, isso torna o trabalho social o açúcar no remédio, a isca do anzol, enquanto em suas melhores expressões dá ao evangelho credibilidade que, de outra forma, não teria. Em ambos os casos, o cheiro da hipocrisia paira em torno de nossa filantropia."¹²⁷ Em vez disso, o teólogo concluiu que justiça social e evangelismo "pertencem um ao outro, mas são independentes um do outro. Cada um se sustenta por conta própria, lado a lado com o outro. Nenhum é um meio para o outro, nem mesmo uma manifestação do outro. Pois cada um é um fim em si mesmo."¹²⁸

O que se perde nos debates sobre evangelismo e justiça social, e o que John Stott apresenta com maior nitidez, é como ambos são parte da obra de Deus de cultivar a ordem no mundo. Restaurar a ordem correta entre Deus e as pessoas (evangelismo) é uma expressão do evangelho,

---

126. STOTT, John; FERNANDO, Ajith. *Christian Mission in the Modern World*. Downers Grove, IL: InterVarsity Press, 2008.
127. Ibid., p. 41.
128. Ibid., p. 43.

assim como restaurar o relacionamento entre as pessoas de uma sociedade (justiça). Quando uma pessoa recebe as boas novas do evangelho, abandona seu pecado e coloca sua fé em Cristo, Paulo disse que "fé lhe é creditada como justiça" aos olhos de Deus.[129] Em outras palavras, tem-se um relacionamento reordenado com Deus, sem pecado ou rebelião. Dessa forma, a proclamação do evangelho faz parte do chamado cristão de cultivar a ordem. Ao convidar outros para uma vida com Deus, estamos trabalhando para restaurar a ordem correta do relacionamento humano-divino, que leva ao seu florescimento. É por isso que as igrejas estão fazendo parceria com as autoridades civis em Portland contra o tráfico de crianças. Aquelas que são resgatadas das ruas precisam de mais do que apenas cama, comida, cuidados de saúde e proteção legal para florescer. Também precisam de um senso de valor e dignidade que vem de conhecer o amor de Deus, o seu Criador.

Quando entendemos que o evangelismo faz parte de ordenar corretamente o mundo de Deus, faz pouco sentido considerar que aquele está em conflito com a justiça social, mas isso parece ser o que os jovens cristãos hoje são tentados a fazer. Isso pode ser uma reação à visão de fé que está mudando rapidamente em nossa cultura. Como um jovem líder da igreja me disse: "Quando falamos de justiça, eles nos amam. Quando falamos de Jesus, eles nos odeiam". Ronald Sider, cujo livro *Rich Christians in an Age of Hunger* (Cristãos ricos em tempos de fome, tradução livre) despertou uma geração de evangélicos para

---

129. Romanos 4:5.

a importância da justiça, mas teme que alguns seguidores de Cristo estejam tão ansiosos para restaurar a importância do ativismo social na igreja que estão ignorando o chamado vital para o evangelismo. Escrevendo aos jovens cristãos, Sider disse:

> *Você sabe o quanto eu respaldo o seu compromisso com a justiça aos pobres e a rejeição a um evangelismo que se concentra apenas na "alma" e negligencia as necessidades materiais das pessoas. Passei grande parte da minha vida fundamentando biblicamente argumentos exatamente contra isso. Mas também vi alguns "ativistas sociais" cristãos perderem o interesse pelo evangelismo.*[130]

Embora a tentação entre muitos dos cristãos mais jovens seja enfatizar a ação social em vez do evangelismo, a tentação oposta existe entre muitos dos cristãos mais velhos. Em 2010, participei do terceiro Congresso Lausanne para Evangelização Mundial na Cidade do Cabo, África do Sul. Mais de cinco mil líderes da igreja de todo o mundo se reuniram para o evento, tornando-se o maior e mais diversificado encontro da igreja na história mundial. Um líder americano falou aos participantes sobre a tensão contínua entre evangelismo e justiça na igreja global. Reconheceu não apenas a validade de aliviar o sofrimento humano no presente, mas também a necessidade de reconciliar as pessoas com Deus para evitar o sofrimento eterno

---

130. SIDER, Ron. An open letter to this generation: part 1. *Relevant*, Winter Park, FL, 14 mar. 2011. Disponível em: https://www.relevantmagazine.com/faith/open-letter-generation-pt-1. Acesso em: 26 ago. 2021.

do inferno. Declarou: "Será que a igreja global poderia dizer o seguinte: pelo amor de Cristo, nós, cristãos, nos preocupamos com todo o sofrimento, *especialmente* o sofrimento eterno?"[131] Enquanto procurava validar a justiça e o evangelismo, o pregador caiu na mesma falsa dicotomia apresentada por Eusébio no século IV. Ao enfatizar o evangelismo, ou evitar o "sofrimento eterno", que o pregador chamou de "dez milhões de vezes pior do que qualquer coisa que alguém possa experimentar aqui", ele diminuiu o valor do trabalho pela justiça na terra. Suas observações não apenas ignoraram o fato de que, por meio de Cristo, Deus está redimindo todas as coisas, incluindo nossos corpos físicos, e que o próprio ministério de Jesus se concentrou nas necessidades físicas e materiais daqueles ao seu redor; as observações deste líder, como a maioria dos debates sobre evangelismo e ação social, também carece de esclarecimento sobre o *chamado*.

Se Cristo me chama para o trabalho específico de evangelismo, então não existe trabalho mais importante para mim do que este. Da mesma forma, se ele me chama para resgatar crianças das garras do tráfico sexual, esse trabalho deve ter a maior prioridade em minha vida. Enquanto muitos cristãos procuram determinar o valor do evangelismo ou da justiça com base no resultado de cada esforço, uma teologia de vocação diz que cada chamado tem valor por causa daquele que nos chama para ele. John Stott, que por acaso foi cofundador do Movimento

---

131. PIPER, John. Bible Exposition: Ephesians 3 (Part 2). Youtube, 2010. Disponível em: http://www.youtube.com/watch?v=1a5V1O4M4rU. Acesso em: 26 apr. 2013.

Lausanne para a Evangelização Mundial, entendeu e afirmou esta doutrina da vocação específica; disse: "Há uma diversidade de chamados cristãos, e cada cristão deve ser fiel ao seu próprio chamado. O médico não deve negligenciar a prática da medicina pelo evangelismo, nem o evangelista deve se distrair do ministério da palavra para servir mesas, como os apóstolos logo descobriram [Atos 6]."[132]

Stott não acredita que o chamado para evangelismo esteja em tensão com a ação social. Cada um destes chamados é legítimo e deve ser celebrado dentro da igreja. Se nosso objetivo é o estabelecimento de *shalom*, o florescimento abrangente de nosso mundo e daqueles dentro dele, então não podemos negligenciar o evangelismo como parte essencial da restauração da ordem. A cidade-jardim de Deus, se você se lembra, é o lugar não apenas onde toda injustiça é retificada, mas também onde "o tabernáculo de Deus está com os homens".[133] Não podemos cultivar a ordem da *Igreja do Amanhã* sem convidar as pessoas a um relacionamento correto com Deus.

Da mesma forma, se este mundo é importante para Deus, e ele está reconciliando todas as coisas consigo mesmo por meio do poder da morte e ressurreição de Jesus, então, buscar a ordem correta deste mundo pelo estabelecimento da justiça também é importante. Cultivar a retidão da *Igreja do Amanhã* no presente revela tanto o

---

132. John Stott. *Christian Mission in the Modern World*. Downers Grove, IL: InterVarsity Press, 2008, p. 45.
133. Apocalipse 21:3.

reino de Deus quanto mostra ao mundo o futuro glorioso e justo que ainda está por ser revelado. Portanto, em vez de ver a justiça social e o evangelismo como existindo em tensão um com o outro, devemos reconhecê-los como duas manifestações da mesma característica da *Igreja do Amanhã*: ambos buscam a ordem correta do mundo para o florescimento de todos e como nos envolvemos com cada um não é uma questão de prioridade ou por culpa, mas de vocação.

O chamado para cultivar a ordem não se limita àqueles que buscam a justiça social ou a proclamação do evangelho. Vemos isso se manifestar na busca de conhecimento, na produção de materiais e até mesmo no local mais íntimo e formativo da existência humana: o lar.

Jonathan Edwards certa vez observou: "A educação familiar e a ordem são alguns dos principais canais da graça; se forem devidamente mantidos, todos os meios da graça provavelmente prosperarão e se tornarão eficazes."[134] Esse foi certamente o caso em minha casa quando eu era ainda criança. Minha mãe incorporou o chamado à ordem em seu compromisso com Deus e em seu instinto de justiça. Como muitas mulheres cristãs atenciosas, cultivou uma família na qual o conhecimento de Deus era promovido por meio da leitura de histórias da Bíblia antes de dormir, em orações e por meio de nossa participação na igreja. Ela falava abertamente sobre sua fé e vivia como se Deus fosse mais do que uma ideia teológica ou

---

134. EDWARDS, Jonathan, apud CLAIRBORNE, Jeff. *A Young Person's Guide to Wisdom*. Camarillo, CA: Xulon Press, 2012, p. 124.

uma superstição a ser temida. Por meio dela, recebi meu primeiro exemplo de como um relacionamento correto com Deus pode ser.

Seu instinto por ordem, no entanto, não se limitava à conexão humana-divino. Ela carregava um forte senso de justiça e imparcialidade em tudo o que fazia. Por exemplo, tinha o dom de encontrar os marginalizados em qualquer ambiente e fazer com que se sentissem especiais, e isso não era alimentado apenas por sua compaixão. Ela sabia que havia algo inerentemente errado sobre uma pessoa não se sentir valorizada e aceita. Isso a levara a escolher propositalmente a fila mais lenta do caixa do supermercado, onde Michael, um homem com deficiência mental, empacotava as compras, apenas para que pudesse falar com ele, dar-lhe um abraço e encorajá-lo. Michael sempre ficava radiante quando via minha mãe em sua fila. "Nunca trate uma pessoa de maneira diferente só porque ela não é como você", ela me dizia sempre que saíamos do supermercado.

Esse senso de justiça significava que intimidar ou provocar qualquer pessoa em desvantagem era um pecado gigantesco aos olhos de minha mãe. Eu poderia ser reprovado em um teste ou me comportar mal na escola, mas que Deus me guardasse se minha mãe descobrisse que eu havia provocado alguma criança, agredido um aluno de alguma minoria ou participado de qualquer forma de *bullying*. Eu podia ver o fogo em seus olhos quando alguém em posição de autoridade abusava de seu poder. Diante da injustiça, não havia absolutamente nenhuma chance de ela permanecer passiva. Meu irmão e eu a testemunhamos confrontar destemidamente os funcionários da escola e intervir em nome de uma criança abusada; certa vez, eviscerou verbalmente um dentista que tinha um grave problema de raiva em sua sala de espera. O evento ficou conhecido em nossa família simplesmente como "o incidente com o Dr. Peterson".

Tendo sido criados à imagem de Deus, todos temos o instinto de cultivar a ordem. Para quem vive em comunhão com Cristo, porém, este apelo à ordem assume dimensões novas e variadas. Vemos a impossibilidade de separar nossa busca pela ordem com Deus da busca pela ordem no mundo. Assim como a fonte de justiça, quando vivemos em unidade com Deus, não podemos deixar de sermos canais para seu contínuo ordenamento do mundo. Quando isso acontece, como declarou o profeta Amós, estamos participando na antecipação do dia em que "Em vez disso, corra a retidão como um rio, a justiça como um ribeiro perene!"[135]

A MESA

Como povo de Cristo — aqueles que foram renovados pelo poder de sua ressurreição e são as primícias da nova criação — somos chamados para sermos uma comunidade que incorpora a realidade da cidade-jardim de Deus na era presente. Ao longo deste capítulo, exploramos como o chamado de buscar a justiça (a correta ordem das pessoas umas com as outras) está ligado ao nosso chamado para

---
135. Amós 5:24.

evangelizar (a correta ordem das pessoas com Deus). Essas duas manifestações da *Igreja do Amanhã* convergem no culto da igreja. Para entender como isso acontece, precisamos primeiramente ver o elo entre o louvor correto e os relacionamentos corretos.

Por todas as Escrituras, vemos que ter um relacionamento bem ordenado com Deus é inseparável de ter um relacionamento bem ordenado entre as pessoas. Em Isaías 1, Deus rejeitou o louvor e as festas do seu povo porque "todos eles amam o suborno e andam atrás de presentes. Eles não defendem os direitos do órfão, e não tomam conhecimento da causa da viúva".[136] Mais adiante, Deus disse a eles que tipo de adoração ele aceitaria:

> *O jejum que desejo não é este:*
>   *soltar as correntes da injustiça,*
>   *desatar as cordas do jugo,*
>   *pôr em liberdade os oprimidos*
>   *e romper todo jugo?*
> *Não é partilhar sua comida*
>   *com o faminto,*
>   *abrigar o pobre desamparado,*
>   *vestir o nu que você encontrou,*
>   *e não recusar ajuda ao próximo?*
> *Aí sim, a sua luz irromperá*
>   *como a alvorada,*
>   *e prontamente surgirá a sua cura;*
>   *a sua retidão irá adiante de você,*

---

136. Isaías 1:23.

> *e a glória do Senhor estará*
> *na sua retaguarda.*[137]

O vínculo entre o nosso relacionamento vertical com Deus e nosso relacionamento horizontal uns com os outros também foi um aspecto central no ensino de Jesus. Ele nos instruiu a nos reconciliarmos com o nosso irmão antes de adorarmos a Deus,[138] e que deixar de perdoar outros previne que Deus nos perdoe.[139] Da mesma forma, Paulo disse que, por meio da cruz, Cristo não apenas nos reconciliou com Deus, pagando o preço pelos nossos pecados, mas também nos reconciliou uns com os outros.[140] E João nos lembrou que não podemos dizer que amamos a Deus se não amamos uns aos outros.[141]

Nesse ponto, a Bíblia é clara: uma correta ordem do relacionamento humano-divino requer a correta ordem de todos os relacionamentos humanos; não podemos separar a nossa adoração a Deus de nossa busca pela justiça. Essa mensagem era verdadeira no Velho Testamento por meio dos profetas e foi repetida no Novo Testamento por intermédio de Jesus e seus apóstolos. Ao estudarmos a primeira carta de Paulo à igreja em Corinto, podemos sentir o ímpeto desse mandato bíblico quando ele os instrui sobre suas reuniões de adoração. Em 1Coríntios 11, Paulo repreendeu os coríntios pela maneira "indigna" com

---

137. Isaías 58:6-8.
138. Mateus 5:23–24.
139. Mateus 6:14–15.
140. Efésios 2:15–16.
141. 1 João 4:20.

que participavam da Ceia do Senhor. O problema estava enraizado na ordem injusta da sociedade coríntia.

Em Corinto, como na maioria das cidades gregas e romanas, ricos e pobres não faziam as refeições juntos. A estratificação social pelas linhas econômicas era a norma e os cristãos da cidade carregavam esse valor ímpio em seu louvor. O domingo, conforme observado no quinto capítulo. não era um dia de folga do trabalho no mundo antigo. Portanto, os cristãos mais pobres da classe trabalhadora se reuniam para adorar mais tarde no dia, depois que os crentes ricos já haviam desfrutado da Ceia do Senhor juntos, deixando apenas seus restos. Os coríntios, ricos e pobres, provavelmente não viam nada de errado com esse cenário, mas o apóstolo Paulo viu:

> *Em primeiro lugar, ouço que, quando vocês se reúnem como igreja, há divisões entre vocês, e até certo ponto eu o creio. (...) Quando vocês se reúnem, não é para comer a ceia do Senhor, porque cada um come sua própria ceia sem esperar pelos outros. Assim, enquanto um fica com fome, outro se embriaga. Será que vocês não têm casa onde comer e beber? Ou desprezam a igreja de Deus e humilham os que nada têm? Que lhes direi? Eu os elogiarei por isso? Certamente que não!*[142]

Paulo criticou os coríntios por sua desunião no culto porque reconhecia a mesa da comunhão como a representação da correta ordem do mundo. Era o símbolo da nova

---

142. 1Coríntios 11:18,20–22.

criação inaugurada pela morte e ressurreição de Cristo na qual todas as coisas são ajustadas. Na mesa, encontramos os símbolos pelos quais nossa justiça diante de Deus foi restaurada; e pelo corpo e sangue de Cristo, podemos agora viver em um relacionamento correto com Deus. Além disso, sua cruz também reordenou todas as relações humanas. As injustiças e divisões de raça, gênero, riqueza, idade e classe que marcam nosso mundo foram desfeitas. Por meio da cruz, fomos feitos um. "Não há judeu nem grego, escravo nem livre, homem nem mulher; pois todos são um em Cristo Jesus".[143] A mesa da comunhão representava o dia que viria, quando todas as injustiças seriam corrigidas na cidade-jardim de Deus. A unidade e o companheirismo experimentados na mesa seriam uma amostra, uma prévia da nova ordem na *Igreja do Amanhã*. O propósito da mesa, portanto, não era apenas lembrar o que Cristo havia feito no passado, mas também lembrar-nos do futuro.

Portanto, quando algum coríntio exibia as divisões de classe de sua cultura, era "culpado de pecar contra o corpo e o sangue do Senhor" e estava participando de sua mesa "indignamente".[144] Em vez de revelar a nova ordem de Cristo, estavam refletindo a velha ordem deturpada do mundo. Quando a igreja entende o significado da mesa corretamente, no entanto, a Santa Ceia se torna um veículo poderoso para vislumbrar a *Igreja do Amanhã* e trazê-la para o presente. A mesa de Cristo mostra ao

---

143. Gálatas 3:28
144. 1Coríntios 11:27.

cosmos em colapso sob a fúria do caos e da injustiça o que nosso Deus de ordem e justiça está fazendo pelo poder de seu evangelho.

O bispo Desmond Tutu viu a nova ordem de Deus exibida através da mesa durante os anos terríveis de injustiça racial que assolou seu país. Escreveu:

> *Enquanto eu me ajoelhava na baia do Reitor, na magnífica missa das 9h30, com incenso, sinos e tudo mais, observei uma multidão multirracial se enfileirar até a grade do altar para comungar, o único pão e a taça ministrados por uma equipe mista de clérigos e ministros leigos junto com um coro multirracial, assim como os servidores e auxiliares — tudo isso na enlouquecida África do Sul do apartheid — as lágrimas de alegria às vezes corriam pelo meu rosto, lágrimas de alegria pelo fato de que Jesus Cristo havia quebrado a parede da divisão e que aqui estavam os primeiros frutos da comunidade escatológica bem diante dos meus olhos.*[145]

A ordem da *Igreja do Amanhã* é cultivada não apenas por meio da ação social e do evangelismo, mas também por meio do povo de Deus reunido em unidade e amor ao redor de sua mesa. Ali, exibimos diante dos poderes e agentes do caos neste mundo a nova ordem inaugurada por Cristo, levada adiante pelo seu povo em antecipação ao dia em que a velha ordem passará, renovará todas as coisas. Na mesa, manifestamos nossa justiça com Deus

---
145. Desmond Tutu. *Hope and Suffering*. Glasgow: Fount, 1983, p. 134–35.

por meio do corpo e do sangue de Jesus, e revelamos a justiça de seu reino enquanto curamos todas as divisões que atormentam nosso mundo desde a rebelião no Éden.

Neste capítulo, exploramos como o povo de Deus é chamado para estabelecer a ordem em um mundo marcado pelo caos. Por meio de vários chamados e em diferentes partes deste planeta, os cristãos estão cultivando a ordem da *Igreja do Amanhã* para que a vontade de Deus seja feita assim na terra como no céu. A ordem é cultivada quando um pastor ministra a mesa da Santa Ceia e quando um policial derruba uma rede de tráfico. A ordem é cultivada quando um conselheiro cuida de uma vítima de abuso e quando uma alma perdida descobre as boas novas de Cristo. A ordem é cultivada quando um cientista classifica uma nova espécie e quando um político assina uma nova lei. A ordem é cultivada quando uma criança constrói uma torre de blocos e a humanidade transforma um deserto árido em um jardim lavrado.

O valor de cada um desses esforços não está enraizado em seus resultados, mas na obediência ao Senhor, que chama seus servos a cada um deles. Este é o seu mundo, e ele está em processo de renová-lo. Enquanto trabalhamos para trazer ordem ao caos, sua imagem se reflete em nossa alegria.

CAPÍTULO VIII
BELEZA

AS ÁRVORES

"Essas coisas lindas estão aqui porque Deus nos ama", disse Harrison Higgins enquanto caminhava pela floresta. Para ele, as árvores são mais do que apenas matéria-prima para a fabricação de móveis, são presentes de Deus. "Isso quer dizer que as tratamos de forma diferente". O Higgins usa métodos de fabricação do século XVIII para talhar lindas cadeiras à mão a partir de madeira bruta. Algumas se assemelham a cadeiras projetadas há trezentos anos, com pés em forma de garra sobre uma bola com encosto gradeado. Outras são surpreendentemente contemporâneas e poderiam facilmente fazer parte do acervo de um museu de arte moderna. "Você quer que a peça de mobília fique à altura da árvore de onde veio", diz Higgins. Isso significa que devemos elaborar cuidadosamente cada cadeira para que dure centenas de anos. "Queremos que aquilo que construímos valha a vida da árvore."[146]

Harrison Higgins não é apenas um fabricante de móveis; é um artista. Reconhece a beleza que Deus instilou na criação. Ele a admira e a celebra como um presente

---

146. HIGGINS, Harrison, *apud* CLARKE, Nathan. Furniture Fit for the Kingdom [video]. *Christianity Today*, Carol Stream, IL, 1 maio 2012. Disponível em: http://www.christianitytoday.com/thisisourcity/richmond/furniturefit.html. Acesso em: 4 dez. 2012.

de Deus, e então a usa para criar ainda mais beleza. A igreja costuma ficar confusa com os cristãos como Higgins. Simplesmente não sabem o que fazer com aqueles que são chamados para as artes. Embora muitos associem a igreja histórica a algumas das criações artísticas mais celebradas da civilização ocidental — a *Capela Sistina* de Michelangelo, o *Messias* de Handel e o *Paraíso Perdido* de Milton vêm à mente — muitas correntes do cristianismo desconsideram duramente o papel da arte na era atual. As preocupações mais práticas, como o correto ordenamento da sociedade, a educação e a proclamação do evangelho, colocam as artes em segundo plano. Como resultado, muitos artistas sentem que seu lugar dentro da igreja foi relegado a criarem entretenimento para a recreação dos consumidores cristãos, nada além disso. Que propósito será que Deus tem para aqueles que, assim como Harrison Higgins, são chamados para cultivar a beleza em nosso mundo?

No capítulo anterior, examinamos o instinto humano de cultivar a ordem e os vários chamados que refletem esse aspecto do caráter de Deus, desde o policial até o evangelista. A ordem por si só, entretanto, não consegue refletir a plenitude de Deus ou a sua imagem que carregamos. Também somos pessoas que buscam o esplendor e o sentido transcendente que advém da contemplação daquilo que é belo. Que outras criaturas de Deus, por exemplo, são inspiradas pelo brilho de um céu estrelado ou são absorvidas por uma música arrebatadora? Nosso desejo por beleza, bem como nosso instinto de criá-la, são reflexos da imagem de Deus em nós. Muito antes do Harrison Higgins admirar a beleza das árvores, o próprio Deus ficou encantado com sua aparência.

Depois de cultivar a ordem a partir do caos primordial em Gênesis 1, como descobrimos no segundo capítulo, lemos então que "o Senhor Deus tinha plantado um jardim no Éden, para os lados do leste, e ali colocou o homem que formara. Então o Senhor Deus fez nascer do solo todo tipo de árvores agradáveis aos olhos e boas para alimento".[147] Os teólogos estudam o fato de a beleza das árvores ter sido expressa *antes* de sua utilidade e ficam perplexos com essa descrição. Até este ponto, a narrativa da criação havia sido extremamente pragmática. A ordenação do tempo,[148] do espaço[149] e da terra[150] são todas ações imensamente práticas. Até a criação do jardim como um bom habitat para o homem faz sentido, assim como a produtividade das árvores. Então por que enfatizar a beleza das árvores? Ao contrário dos outros elementos da criação, a beleza das árvores não desempenha nenhuma função utilitária nesta narrativa.

O apóstolo Paulo disse que a criação exibe os "os atributos invisíveis de Deus, seu eterno poder e sua natureza divina".[151] O fato de as árvores não serem apenas úteis revela que os atributos de nosso Deus não se limitam a coisas práticas. Ele criou as árvores pelo seu valor

---

147. Gênesis 2:8-9
148. Gênesis 1:3–5.
149. Gênesis 1:6–8.
150. Gênesis 1:9–10.
151. Romanos 1:20.

estético, para seu prazer pessoal e para o contentamento dos portadores de sua imagem. As árvores mostram o lado divertido do caráter de Deus. Assim como Harrison Higgins observou, as árvores são um presente de Deus e sua beleza existe simplesmente porque ele nos ama. A beleza é uma extravagância sem utilidade que revela a beleza, e o caráter extravagante e alegre do próprio Deus, e o desejo de criar e contemplar a beleza é compartilhado por aqueles formados à sua semelhança.

A TENDA

Certa vez, perguntaram a G. K. Chesterton que livro ele gostaria de ter consigo se estivesse em uma ilha deserta: "Guia Prático Thomas para a Construção de Navios", respondeu ele.[152] A resposta extremamente prática e espirituosa de Chesterton revela como um ambiente hostil pode clarificar as prioridades de uma pessoa. O mesmo aconteceu com os israelitas enquanto vagavam pelo deserto do Sinai. Reclamavam regularmente com seus líderes sobre a falta de comida e água e até desejavam retornar à escravidão no Egito em vez de enfrentar a morte no deserto.

Em meio ao ermo do Sinai, o Senhor provou sua fidelidade e proveu aquilo que seu povo precisava em abundância (uma qualidade que abordaremos no nono capítulo): carne e pão todas as manhãs e água fresca fluindo de rochas. Inclusive, garantiu que suas roupas e sapatos

---

152. CHESTERTON, G. K. *Collected Works of G. K. Chesterton: The Illustrated London News, 1923–1925*. San Francisco: Ignatius Press, 1990, p. 186.

não se deteriorassem durante sua jornada. Surpreendentemente, no entanto, a provisão de Deus foi além de suas necessidades físicas. Na feiúra do Sinai, também se assegurou que experimentassem beleza. Deus deu instruções a Moisés para construir uma elaborada tenda de adoração. Conhecida como tabernáculo, esta casa portátil de adoração era onde o povo encontrava a presença de Deus e lhe oferecia sacrifícios. Construída com os materiais mais preciosos, cada superfície da tenda deveria ser adornada com padrões intrincados, bem como símbolos e imagens. As habilidades necessárias para criar esse belo cenário vieram do próprio Deus:

> *O Senhor escolheu Bezalel, filho de Uri, neto de Hur, da tribo de Judá, e o encheu do Espírito de Deus, dando-lhe destreza, habilidade e plena capacidade artística, para desenhar e executar trabalhos em ouro, prata e bronze, para talhar e lapidar pedras e entalhar madeira para todo tipo de obra artesanal. E concedeu tanto a ele como a Aoliabe, filho de Aisamaque, da tribo de Dã, a habilidade de ensinar os outros. A todos esses deu capacidade para realizar todo tipo de obra como artesãos, projetistas, bordadores de linho fino e de fios de tecidos azul, roxo e vermelho, e como tecelões. Eram capazes de projetar e executar qualquer trabalho artesanal.*[153]

Se fosse eu perdido no deserto, pensaria em habilidades mais práticas para pedir a Deus do que saber bordar

---

153. Êxodo 35:30-35.

ou projetar trabalhos artesanais, mas ele não estava satisfeito com seu povo simplesmente sobrevivendo no deserto, queria que eles prosperassem. A criação do tabernáculo, bem como a capacitação de indivíduos com habilidades artísticas, revela a intencionalidade de Deus para que a beleza marcasse sua presença e a presença de seu povo. Enquanto vagavam pelo deserto, os israelitas não precisavam de um belo tabernáculo; um mais simples e menos decorado teria feito o trabalho. Uma tenda mais austera, porém, não teria refletido a beleza do Deus que adoravam ali, nem teria proporcionado a seu povo a beleza que seus espíritos almejavam naquele lugar seco e desolado.

Deus chama algumas pessoas hoje, assim como chamou a Aoliabe e Bezalel em épocas passadas, para criar beleza. Seu chamado não é inteiramente prático, mas é importante. Por meio de seu trabalho, refletem a beleza de Deus e revelam um aspecto importante de seu caráter. Mesmo aqueles de nós chamados para outras vocações podemos participar no cultivo da beleza e sermos atraídos para mais perto de Deus por meio dela. Embora a vocação de meu pai fosse a medicina, seu amor pela música e jardinagem demonstrava seu apreço pela beleza. Era cético em relação à igreja e a chamava de "religião organizada" (eu disse que se ele se envolvesse mais com a igreja iria ver não somos tão organizados assim.) Nas manhãs de domingo, quando minha mãe estava brigando conosco para irmos à igreja, meu pai estava na estufa regando suas plantas e tomando seu chá. Nos meses de verão, caminhava descalço por seus canteiros, colhendo ervas daninhas e admirando o fruto de seu trabalho. "Esta é a minha igreja", me disse uma vez enquanto estava em seu jardim. "É aqui que encontro Deus".

Meu pai foi responsável por me levar a apreciar as artes. Ele encheu a nossa casa de música —tudo desde Beethoven a Victor Borge e até os *Beatles*. Estava sempre tocando, ou aprendendo a tocar, algum instrumento — piano, saxofone, harmônio, tabla indiana — e trabalhava incansavelmente para desenvolver sua voz para o canto. Quando meu talento musical não vingou, ele me encorajou nas artes visuais com aulas de arte comunitárias e livros sobre desenho e pintura. Seu apreço pela beleza era evidente até mesmo na sua vocação de médico. Ele amava a arte, e não apenas a ciência, da medicina. A linda eficiência da anatomia humana e a capacidade de suturar bem uma laceração lhe traziam alegria. Quando minha filha caiu e precisou de pontos na testa, liguei para meu pai a caminho para o pronto-socorro. "Não deixe aqueles açougueiros encostarem na minha neta!", ele ladrou. Era um caso que exigia o toque de um artista, não apenas a habilidade de um médico. Chamou um cirurgião plástico para garantir que a beleza do rosto de sua neta não fosse esquecida no processo de cura de sua ferida.

Meu pai sabia que havia mais na vida do que o remédio e mais na medicina do que a saúde. Embora se irritasse com os abusos da religião dogmática, reconhecia que as artes apontavam para Deus e que o ateísmo não poderia explicar as infinitas camadas de beleza evidentes no mundo. Anteriormente, citei a resposta pragmática de G. K. Chesterton frente ao cenário imaginário de estar preso em uma ilha, mas Chesterton também validou a importância da beleza. Em resposta ao aumento do ateísmo em sua época, Chesterton argumentou que os defensores do ateísmo não tinham como avaliar o que não era prático. Ele escreveu:

> *Então encontramos o que sempre existe em tal filosofia, a configuração da carroça para puxar o cavalo. Eles não veem que a digestão existe para a saúde, a saúde existe para a vida, e a vida existe para o amor à música ou às coisas belas. Eles invertem o processo e dizem que o amor pela música é bom para o processo de digestão. Mas eles não têm a menor ideia para que serve o processo de digestão em última instância. Acho que foi um grande filósofo medieval que disse que todo o mal vem de desfrutar o que devemos usar e usar o que devemos desfrutar. Muitos filósofos modernos não fazem nada além disso.*[154]

A crítica de Chesterton ainda se aplica à atualidade e não se trata somente do ateísmo. Grande parte do cristianismo também perdeu a capacidade de valorizar o que não é prático e aquilo que é belo. Este aspecto do caráter de Deus e de sua criação é cada vez mais afastado pela esmagadora praticidade de nossa cultura de consumo. Em vez de ver o Criador como um Deus belo a ser adorado, muitas igrejas vendem Jesus como se ele fosse um pacote-combo de WD-40/fita adesiva — tudo o que você precisa

---

154. CHESTERTON, G. K. *Collected Works of G. K. Chesterton: The Illustrated London News, 1923–1925*. San Francisco: Ignatius Press, 1990, p. 186.

para consertar qualquer coisa. Nós o louvamos como o *Reparador Todo-Poderoso* e por ser o veículo para que nossos sonhos e objetivos sejam alcançados. Como resultado, nossa adoração frequentemente carrega objetivos obscuros e extremamente práticos. Acreditamos que nosso louvor e sacrifícios obrigarão Deus a agir em nosso favor.

Essa visão transacional de adoração foi exibida alguns anos atrás, quando um *receiver* de um time profissional de futebol americano deixou cair um passe na *end zone*. Depois do jogo, culpou a Deus no Twitter por ter perdido a partida: "Eu te louvo 24 horas por dia. É isso o que você faz por mim? Você espera que eu aprenda com isso??? Como??? Eu nunca vou esquecer isso! Jamais!"[155] O atleta viu sua adoração como uma ferramenta para manipular a Deus; em sua mente, a adoração era uma transação que tinha um propósito prático. Em troca de sua devoção, Deus deveria ajudá-lo no campo. Essa abordagem não valoriza Deus como alguém a ser adorado, mas como algo a ser usado. Ele é o meio para um fim.

É o que acontece quando perdemos a beleza de vista, quando sucumbimos às inclinações utilitárias de nossos corações pecaminosos e de uma cultura comercial. Sem a impraticabilidade da beleza, perdemos a verdade de que algumas coisas existem simplesmente para serem vistas e não para serem usadas; não temos como reconhecer o valor

---

155. BRENNAN, Sean. Bills receiver Steve Johnson appears to blame God in tweet for awful dropped pass against Steelers. *NY Daily News*. Nova York. 29 nov. 2010. Disponível em: http://www.nydailynews.com/sports/football/bills-receiver-steve-johnson-appears-blame-god-tweet-awful-dropped-pass-steelers-article-1.450613. Acesso em: 31 out. 2021.

inerente e infinito do próprio Deus. Esse fato nos ajuda a entender por que Deus queria que o tabernáculo fosse um lugar de beleza não-prática, e não apenas uma tenda de adoração utilitária. *Adoração* significa "atribuir valor". Sua prática conduz a ver o valor intrínseco, e não transacional, daquilo que está sendo louvado. Ao contrário das religiões fomentadas pela superstição, divinação ou medo, a verdadeira fé cristã não adora a Deus com um objetivo utilitário em mente. não é transacional, não é útil. A adoração é um ato não-prático e lindo que flui de um coração maravilhado pela beleza de Deus. A verdadeira adoração não se preocupa em receber algo em troca além da presença do próprio Deus, como Davi canta no salmo 27:

> *Uma coisa pedi ao Senhor,*
> *e a buscarei:*
> *que possa morar na casa do Senhor*
> *todos os dias da minha vida,*
> *para contemplar a formosura do Senhor (...)* [156]

O INÚTIL

A beleza incomparável de Deus e o seu cuidado em cultivar a beleza tanto no início da criação como no deserto do Sinai é a razão pela qual a igreja, acima de tudo, deve afirmar a vocação dos artistas. Seu chamado nos lembra que nem tudo no cosmos foi criado para ser usado e que

---

156. Salmos 27:4 (João F. Almeida Atualizada).

a beleza tem uma função importante e não utilitária em nosso mundo. A beleza não está listada junto ao ar, comida e água na Hierarquia de Necessidades de Maslow, mas devemos lembrar que a palavra *shalom* se preocupa não apenas com a sobrevivência humana, mas também com o florescimento humano. É por isso que a beleza é parte integrante do mundo perfeito de Deus desde o princípio. Sua intenção não era apenas que seus portadores de imagem sobrevivessem. Ele desejava que prosperássemos e florescêssemos para nos deliciarmos com a maravilha, a admiração e a alegria de um mundo repleto de reflexos de sua beleza.

Psicólogos ambientais documentaram que as pessoas frequentemente se dedicam a projetos criativos e estéticos, mesmo quando suas necessidades físicas básicas não são satisfeitas.[157] Descobriram que até as pessoas que não têm o suficiente para comer gastam energia para cultivar flores mesmo assim. Os pesquisadores relatam que esses pequenos vislumbres de beleza oferecem uma sensação de tranquilidade e até de transcendência. Isso enche a pessoa de esperança em meio a circunstâncias horríveis. A beleza alenta um aspecto do espírito humano que o alimento em si não pode nutrir. Da mesma forma, um estudo referencial de Roger Ulrich em 1984 constatou que os pacientes que se recuperavam de uma cirurgia no hospital com vista para uma árvore o faziam mais rápido, precisavam de menos remédios para a dor e tinham menos

---

157. KAPLAN, Rachel; KAPLAN, Stephen. *The Experience of Nature: A Psychological Perspective*. Cambridge: Cambridge University Press, 1989.

infecções do que os com vista para uma parede de tijolos.[158] A pesquisa confirma o que sabemos das Escrituras: humanos privados de beleza podem sobreviver, mas não conseguem prosperar.

A beleza e a ordem não estão em oposição uma à outra, mesmo que uma seja extremamente prática e a outra não. Escrever exige a ordem correta das palavras e a música requer a ordenação das notas, mas quando escrevemos ou tocamos um instrumento com o objetivo de criar algo belo, vamos além do prático. Empregamos um aspecto da imagem de Deus que é exclusivo à humanidade. Viramos artistas. Andy Crouch diz: "A arte é uma maneira de nomear tudo que nós, como seres culturais, fazemos e que não pode ser explicado em termos de utilidade".[159]

Esta pode ser a razão pela qual aqueles que foram chamados por Deus para as vocações artísticas têm dificuldade com a comunidade da igreja para cumprirem seus chamados. O mandato de cultivar a beleza no mundo nem sempre se submete aos trabalhos práticos defendidos dentro da casa de Deus. Como resultado, para encontrar aceitação pela igreja, sem mencionar o apoio, muitos artistas sentem que suas criações devem carregar uma mensagem explicitamente cristã. Não é suficiente compor uma bela música — ela deve ser uma música cristã. Não é aceitável criar um filme inspirador — ele deve ter

---

158. FRANKLIN, Deborah. How Hospital Gardens Help People Heal. *Scientific American*. Nova York. 19 mar. 2012. Disponível em: http://www.scientificamerican.com/articlecfm?id=nature-that-nurtures. Acesso em: 31 out. 2021.
159. TAYLOR, W. David O. (ed.). *For the Beauty of the Church: Casting a Vision for the Arts*. Colorado Springs: Baker, 2010, p. 36.

uma mensagem evangelística. Não é suficiente escrever um romance brilhante — ele deve defender os valores bíblicos. Para muitos cristãos, a beleza só pode ser valorizada quando empregada em algum propósito prático, o que explica a arquitetura inóspita e pouco inspiradora da maioria das igrejas evangélicas. Entretanto, quando a criatividade é forçada a se submeter à praticidade, rapidamente deixa o reino da arte e se aproxima do perigoso território da propaganda.

Nesse sentido, a igreja contemporânea tem algo em comum com a União Soviética. Em seu livro sobre a dominação soviética na Europa Oriental, *Cortina de Ferro*, Anne Applebaum explica por que os soviéticos temiam a arte abstrata. "A arte deveria contar uma história. Era para ensinar. Era para apoiar os ideais do partido", explicou Applebaum em uma entrevista. A arte abstrata estava aberta à interpretação e não trazia nenhuma mensagem discernível. Isso era simplesmente inaceitável para Alexander Dymschitz, chefe da divisão cultural da Administração Militar Soviética, que disse: "Forma sem conteúdo não significa nada". Portanto, os soviéticos não mediram esforços para exibir apenas arte, música e arquitetura que transmitissem uma mensagem clara. "Não existia arte pela arte", disse Applebaum. "Não existia arte alcançando um reino espiritual ou sem palavras".[160] Para os soviéticos, a beleza não tinha valor inerente, apenas a ordem. A sua ordem.

---

160. APPLEBAUM, Anne. Crushing Eastern Europe — Behind the 'Iron Curtain'. [Entrevista concedida a] *NPR*, 8 nov. 2012. Disponível em: http://m.npr.org/news/Books/164632546. [Transcrição fornecida pela NPR. Copyright NPR]. Acesso em: 31 out. 2021.

Os soviéticos insistiam em submeter a beleza à praticidade. Sua cosmovisão não tinha capacidade de valorizar nada e ninguém que não expandisse suas crenças — um fato manifestado no homicídio de milhões de pessoas pelos regimes comunistas. Quando a beleza é rebaixada na hierarquia do florescimento humano, tornamo-nos cada vez menos capazes de valorizar qualquer coisa além de sua função utilitária. Todas as coisas e todas as pessoas ficam, então, sujeitas à avaliação brutal da utilidade.

A cosmovisão cristã está em firme oposição à todas as formas de utilitarismo. Nossa fé afirma o valor dado por Deus a cada pessoa, independentemente de sua utilidade — uma crença cada vez mais desafiada em um mundo impulsionado pelos aspectos práticos do comércio, um mundo que ainda escraviza 27 milhões de pessoas e aborta 44 milhões de crianças todos os anos. Sim, Deus organizou seu mundo para ser útil, mas também o impregnou com a qualidade pouco prática da beleza para nos lembrar que valor não é definido pela utilidade. Nem todas as coisas existem para serem usadas. Algumas coisas existem simplesmente para serem adoradas.

Junto com o valor inerente de Deus e das pessoas, a inutilidade da beleza também nos ajuda a compreender a natureza da graça de Deus. Daniel Siedell escreveu:

> *A arte é relacionada com a descontinuidade e a contradição, e é assim que a graça é sentida no mundo, como se fosse uma intrusão alienígena em um mundo que nos engana nos levando a crer que somos definidos pelo que fazemos*

e não pelo que Cristo fez. De tal forma, somos compelidos a provar a nós mesmos o nosso valor, a fazer algo que justifique a nossa existência. Mas a arte não é apenas fazer e criar, ela inclui receber e ouvir. Não é apenas uma conquista; é um presente. É dedicar a vida a algo tão fútil, ineficiente e, de muitas maneiras, inútil, que se torna um caminho para a graça.[161]

A natureza graciosa e sem propósito da beleza foi revelada em um evento pouco antes da morte de Jesus. Enquanto se reclinava a uma mesa, uma mulher derramou um frasco caro de perfume em seus pés. Quando seus discípulos viram isso, ficaram chocados. Assim como muitas pessoas religiosas hoje, só conseguiam enxergar pelas lentes da praticidade. "Por que este desperdício de perfume? Ele poderia ser vendido por trezentos denários, e o dinheiro ser dado aos pobres", disseram, repreendendo a mulher.

"Deixem-na em paz", Jesus os censurou. "Por que a estão perturbando? Ela praticou uma boa ação para comigo."[162]

Para quem acredita que o belo deve estar submetido aquilo que é prático, é impossível ver a ação da mulher como algo além de um desperdício. Os discípulos viram o perfume derramado como uma oportunidade perdida. Para eles, o perfume era apenas uma mercadoria a ser

---

161. SIEDELL, Daniel A. Why Mako Fujimara Left New York City for the Country. *Christianity Today*, Carol Stream, IL, 25 set. 2012. Disponível em: http://www.christianitytoday.com/thisisourcity/newyork/why-mako-fujimara-left-new-york-city-for-country.html. Acesso em: 31 out. 2021.
162. Marcos 14:3-6.

usada e trocada por um resultado mensurável, portanto, jogá-lo no chão era um desperdício. O que interpretaram como um desperdício, no entanto, Jesus viu como algo inestimável. Reconheceu o perfume derramado como uma adoração linda e pouco prática. A verdadeira adoração nunca é um desperdício porque não busca nada em troca. Não carrega nenhuma transação. A verdadeira adoração é sempre um presente.

A beleza existe sem nenhuma razão prática. É um presente de Deus que nos encanta e inspira, assim como aqueles que são chamados por Deus para cultivar a beleza em nosso mundo e na igreja. Suas vocações nos lembram que as coisas mais preciosas costumam ser as menos úteis. Por meio de suas vocações, os artistas provocam uma visão diferente do mundo — não apenas como um pacote de recursos a serem usados, mas como um presente a ser recebido. Portanto, as artes criativas servem como um modelo da graça de Deus e a forma que a igreja confirma e celebra as vocações dos artistas pode impactar a sua própria visão de Deus. Como Crouch disse: "Se tivermos uma atitude utilitarista em relação à arte, se exigirmos que ela se justifique em termos de sua utilidade para nossos fins, é muito provável que acabemos com a mesma atitude em relação à adoração e, em última instância, em relação a Deus.".[163] Para aqueles na igreja que não podem afirmar a vocação dos artistas, que insistem que a criatividade deve se submeter à praticidade, talvez Jesus dissesse: "Por que

---

163. TAYLOR, W. David O. (ed.). *For the Beauty of the Church: Casting a Vision for the Arts*. Colorado Springs: Baker, 2010, p. 40.

estão os perturbando? Eles estão praticando coisas boas para mim".

O DESAFIADOR

Em 28 de maio de 1992, o principal violoncelista da ópera de Sarajevo vestiu sua cauda preta formal e sentou-se em uma cadeira queimada pelo fogo em uma cratera feita por uma bomba para tocar o Adágio em sol menor de Albinoni. O local ficava do lado de fora de uma padaria no bairro de Smajlović, onde 22 pessoas que esperavam na fila por pão haviam morrido no dia anterior. Durante o cerco de Sarajevo entre 1992 e 1995, mais de dez mil pessoas foram mortas. Os cidadãos viviam sob constante medo de bombardeios e snipers, enquanto lutavam todos os dias para conseguir água e comida. Smajlović morava perto de uma das poucas padarias em funcionamento onde uma longa fila de pessoas havia se formado quando um projétil explodiu. Correu para o local e foi tomado pela dor da carnificina. Nos 22 dias seguintes, um dia para cada vítima do bombardeio, decidiu desafiar a feiura da guerra com sua única arma — a beleza.

Conhecido como o "Violoncelista de Sarajevo", Smajlović não apenas se apresentava na frente da padaria, mas continuava a liberar a beleza de sua música em cemitérios, funerais, nos escombros de edifícios e nas ruas infestadas de atiradores. "Nunca parei de tocar música durante o cerco", disse ele. "Minha arma era meu violoncelo". Embora completamente vulnerável, Smajlović nunca foi baleado. Era como se a beleza de sua presença repelisse a violência da guerra. Sua música criou um oásis em meio ao horror, ofereceu esperança ao povo de Sarajevo e uma visão de beleza aos soldados que destruíam a cidade. Um repórter perguntou se ele era louco por tocar em uma zona de guerra, a que Smajlović respondeu: "Por que você não pergunta se eles são loucos por bombardear Sarajevo?"[164]

A história de Smajlović mostra um outro aspecto da vocação do artista. As vocações que cultivam a beleza não apenas revelam o caráter de Deus e nos ensinam a valorizar o que é impraticável, mas também desafiam a pecaminosidade de nosso mundo. Os artistas cristãos desafiam proficamente tudo o que é mau e feio e, por meio de suas obras, oferecem-nos uma janela para o mundo que está por vir.

Winston Churchill observou: "A guerra é o ofício normal do homem. Guerra — e jardinagem."[165] Sua declaração captura a verdade paradoxal da nossa condição humana. Estamos empenhados na destruição, mas ansiamos pela beleza. Na guerra, vemos a expressão máxima de nosso utilitarismo. A guerra é a disposição de sacrificar tudo para atingir um objetivo. Quando os tanques de guerra se movem tudo é esmagado sob seu caminho deixando apenas a feiura para trás. Jardinagem, no entanto, é o oposto da guerra. É um ato de criação em vez de destruição, de ordem em vez de caos e de beleza em vez de feiura. Ao

---

164. BUTTRY, Daniel. *Blessed Are the Peacemakers*. Detroit: David Crumm Media, 2011, p. 305–308.
165. HELPHAND, Kenneth I. *Defiant Gardens*: Making Gardens in Wartime. San Antonio: Trinity University Press, 2008, p. 1.

tocar seu violoncelo no centro da Sarajevo devastada pela guerra, Smajlović estava plantando um jardim no meio do campo de batalha. Estava confrontando a pecaminosidade do homem, vista na horrível praticidade da guerra, com a beleza de Deus, vista na extravagante impraticabilidade da arte.

A arte é mais do que um luxo e a beleza é mais do que um enfeite. Quando criamos arte e música, ou quando nos reunimos para louvar com expressões de esplendor e adoração, assim como fez Smajlović, estamos realizando um ato de desafio. Estamos criando um oásis de beleza em meio ao ataque da feiura. Estamos declarando nossa recusa de nos sucumbirmos a este mundo quebrado e, em vez disso, aguardamos uma *Igreja do Amanhã* onde todas as coisas irradiarão a beleza do Criador. Esses atos de desafio, no entanto, não são estritamente práticos. Na verdade, seu poder costuma ser encontrado precisamente em sua impraticabilidade. George Eisen, em seu livro *Children and Play in the Holocaust* (Crianças e brincadeiras no Holocausto, tradução livre) descreveu a maneira como as crianças desafiavam os nazistas na Segunda Guerra Mundial. Superficialmente, suas brincadeiras pareciam ser pouco mais do que distrações ou um uso infantil do tempo, mas Eisen concluiu que as essas atividades nos guetos e campos de concentração eram, na verdade, "um empreendimento de sobrevivência, uma defesa da sanidade e uma demonstração de desafio psicológico."[166] As

---

166. EISEN, George. *Children and Play in the Holocaust*: Games Among the Shadows. Amherst: University of Massachusetts Press, 188, p. 8.

crianças não conseguiam vencer os soldados com armas ou força, em vez disso, resistiam a eles com risos e sorrisos.

Da mesma forma, quando os cristãos fazem arte ou são chamados para vocações de beleza, podem ser acusados de se dedicar a atividades não práticas — inclusive por alguns dentro da igreja. "Eles não deveriam estar procurando influenciar o mundo e vencer o mal por meio dos canais práticos de comércio, governo e educação?" os críticos podem perguntar. "E os esforços da igreja não seriam mais bem servidos por meio de implantação de igrejas ou evangelismo?" Para os cristãos chamados por Deus para essas vocações, certamente isso é uma coisa apropriada, mas seus chamados não negam o valor do artista. O artista cristão está engajado em um desafio sutil, mas poderoso, por conta própria. Está se recusando divertidamente de se submeter à feiura do mundo e, em seu cultivo da beleza, está criando um oásis para aqueles que fogem da escuridão.

O desejo de criar um oásis de beleza levou Troy e Sara Groves a comprar uma velha igreja e abrir a *Art House North* em Saint Paul, Minnesota. Os Groves passaram a maior parte dos últimos quatorze anos em turnê como músicos, mas tinham um desejo crescente de fazer algo para fomentar a criatividade em sua própria cidade. A *Art House North* é um centro para cristãos chamados a vocações artísticas para apoiar uns aos outros e exibir suas obras para inspirar a comunidade de Saint Paul. O Troy Groves disse que parte da motivação para o projeto veio durante a turnê em Washington, DC. Foram convidados para um almoço com líderes do governo na sala de jantar do Senado. "Eles nos sentaram e disseram: 'Sabe, depois de uma carreira trabalhando no Capitólio, percebemos que, na política, estamos apenas respondendo à cultura. Mas são os artistas que estão a criando — para o bem ou para o mal.' De que forma estávamos exercendo o poder da arte em nossa cidade e em nossas esferas de influência?".[167]

Os Groves usam a *Art House North* para promover "uma cultura criativa para o bem comum". Reconhecem que não são apenas as vocações práticas, como a política, que são usadas por Deus para combater o mal e alcançar seus propósitos no mundo, mas também as vocações não-práticas dos artistas. Veem os artistas, os músicos e os contadores de histórias como tendo um efeito formativo e protetor sobre a comunidade. Estão criando um espaço para a incubação e curadoria de seus trabalhos para o benefício de todos na cidade e, por meio de sua arte, cultivam a esperança em meio às realidades muitas vezes terríveis da vida urbana. Sim, aqueles que vivem em centros urbanos precisam de bairros seguros, escolas com bons recursos e acesso a empregos, mas ainda mais fundamental a essas necessidades práticas é a esperança. Sem esperança, nenhuma ajuda prática será eficaz. A *Art House North* é um farol de esperança em Saint Paul, assim como o violoncelo de Smajlović foi na Sarajevo devastada pela guerra.

---

167. KRISPIN, Christy Tennant. A Growing Hunger for a Local Voice: Sara Groves and Family Open Art House in St. Paul. *Christianity Today*, Carol Stream, IL, 26 jun. 2012. Disponível em: http://www.christianitytoday.com/thisisourcity/7thcity/open-art-house.html. Acesso em: 4 dez. 2012.

O poder da esperança por meio da beleza foi observado em Londres em 2009, quando a Galeria Nacional realizou uma exposição de arte espanhola do século XVII chamada "O sagrado tornado real". A exposição apresentava pinturas e esculturas do sofrimento de Jesus, da Virgem Maria e dos santos em realismo vívido. Muitos temiam que a arte religiosa não fosse apreciada pela cultura altamente secular de Londres. Não foi o caso. Roberta Ahmanson, patrocinadora da exposição, lembrou uma mulher meditando diante da *Virgem das Dores* de Pedro de Mena. "O olhar da mulher não era um olhar vazio. Não, algo estava acontecendo dentro dela, algo profundo."[168]

Adirian Searle, colunista de um jornal de Londres, disse o seguinte sobre a exposição: "Há muito mais a dizer e pensar aqui, seja qual for sua crença ou crença da qual se sinta alienado. Pintadas ou esculpidas, estas são presenças reais. Saí impressionado e profundamente comovido." O museu esperava trinta e cinco mil visitantes. Mais de 90 mil vieram. "A beleza os trouxe; deu-lhes esperança", disse Ahmanson.[169]

Alguns olharão para os esforços de Vedran Smajlović, Troy e Sara Groves e Roberta Ahmason e argumentarão que existem maneiras mais práticas de ajudar o nosso mundo. Sem dúvida, existem, e Deus chamou alguns, entre seu povo, para se dedicarem a essas tarefas. Contudo, diante da guerra, pobreza, de escolas ruins, decadência

---

168. AHMANSON, Roberta. *Presentation to the Global Executive Leadership Forum*. Cidade do Cabo, África do Sul, out. 2010.
169. Ibid.

social, fome, injustiça e trauma emocional, também há um lugar para o trabalho contestador dos artistas, os quais articulam nossa dor enquanto nos apontam para uma esperança além da escuridão atual. Suas vocações nos fornecem um vislumbre de um mundo ainda despontando onde Deus "enxugará dos seus olhos toda lágrima. Não haverá mais morte, nem tristeza, nem choro, nem dor, pois a antiga ordem já passou".[170]

O chamado desafiador do artista de cultivar a esperança foi articulado por uma comunidade de artistas na década de 1930. Suas palavras podem se aplicar igualmente aos cristãos chamados por Deus para cultivar a *Igreja do Amanhã* hoje. Reunindo-se na Europa sob a sombra crescente da guerra, diziam uns aos outros: "Como alguém pode pensar em plantar rosas quando as florestas estão queimando?" Ao que responderam: "Como você pode não plantar rosas quando as florestas estão queimando?"[171]

---

170. Apocalipse 21:4.
171. HELPHAND, Kenneth I. *Defiant Gardens*: Making Gardens in Wartime. San Antonio: Trinity University Press, 2008, p. 248.

CAPÍTULO IX
ABUNDÂNCIA

A BOLHA

A família de Walter Crutchfield trabalha no mercado imobiliário no Arizona desde 1952. "O último ciclo imobiliário foi diferente de tudo que eu já vi antes", ele conta. Novas casas estavam sendo construídas em um ritmo vertiginoso, com bairros e condomínios fechados sendo planejados a até cem quilômetros de Phoenix. "Você acreditava que se não agisse rápido, ficaria para trás". Para manter o crescimento do mercado imobiliário, de acordo com Walter, empréstimos estavam sendo concedidos a pessoas que não tinham como pagá-los. "Estávamos atendendo à demanda sem perguntar se ela era sustentável."[172] Esse rápido crescimento foi construído com base na ganância e na dívida e, por fim, a bolha estourou.

A recente explosão e expansão imobiliária nos Estados Unidos, junto com a recessão econômica global que se seguiu, foi alimentada por um forte medo que fomentava muitas pessoas: a escassez. No Éden, o homem e a mulher desfrutavam em abundância de tudo aquilo que precisavam para viver. No jardim, Deus fez crescer todas

---

172. CLARKE, Nathan. Business Declares the Glory of God [video]. *Christianity Today*, Carol Stream, IL, 8 oct. 2012. Disponível em: http://www.christianitytoday.com/thisisourcity/phoenix/business-declares-glory-of-god.html. Acesso em: 21 dez. 2012.

as árvores boas para o alimento e forneceu água e recursos abundantes; fora do jardim, no deserto, os humanos tiveram que labutar e se esforçar para adquirir alimento, abrigo e provisões. Agora, habitamos um mundo no qual vivemos com o medo constante de não termos o suficiente; assim, quando encontramos a abundância, nosso instinto é acumular, juntar o máximo possível para nós mesmos. No caso de Crutchfield, o medo da escassez fez com que ele e muitos outros empreendedores imobiliários corressem atrás de mais e mais terrenos, e os bancos liberassem empréstimos cada vez mais arriscados.

Walter descobriu o efeito cegante do medo. Correr freneticamente atrás de mais e mais nos faz perder de vista tudo o que está além de nós mesmos. Tomás de Aquino equiparou este tipo de medo a uma "contração" da alma. É uma força que nos puxa para dentro de nós mesmos. Esse impulso, segundo Tomás de Aquino, começa na imaginação. Quando encontramos uma força poderosa fora de nós mesmos, nossa imaginação a rotula como "um mal eminente que só dificilmente se pode superar".[173] Nossa resposta, então, é assumir uma postura defensiva e contraída, para juntar nossas forças internas. Imagine uma cidade sitiada. As forças do inimigo estão atacando de todos os lados, então os habitantes fogem do campo, recuam para trás das muralhas da cidade, fecham os portões e se embarricam contra o ataque. Contraem-se de medo para proteger os recursos limitados de que dispõem. Isso explica

---

173. AQUINO, Tomás de. *Suma Teológica*. v. III, parte II. 2a ed. São Paulo: Edições Loyola, 2003, p. 503.

a cegueira dos empreendedores imobiliários durante a corrida por terras ao redor de Phoenix. Enquanto asseguravam febrilmente seu próprio futuro financeiro, eram incapazes de ver o dano infligido por suas ações ou o colapso que estava por vir. Só depois que a bolha estourou eles viram a verdade. "A crise imobiliária me fez parar e pensar", disse Walter. "Percebi que havia perdido de vista o valor das pessoas, do trabalho e da comunidade." A ganância alimentada pelo medo nos torna incapazes de ver além de nós mesmos.

Ao contrário da cidade autocentrada e contraída de Aquino, a *Igreja do Amanhã* não é governada pelo medo da escassez, mas pela bênção da abundância. No livro de João, somos informados de que os portões da cidade-jardim nunca estão fechados.[174] Em outras palavras, não há ameaça alguma que faça com que os habitantes da *Igreja do Amanhã* recuem para trás de paredes ou portões. Não há medo da escassez que faça com que seus cidadãos se contraiam e acumulem recursos. Em vez disso, os cidadãos da *Igreja do Amanhã* são capazes de viver vidas em expansão, sempre voltadas para cima e para fora. Podem ver o mundo com os olhos da fé, em vez de se fixar em si mesmos com os olhos do medo.

Por toda a Bíblia, vemos essa tensão entre o medo e a fé, entre a escassez e a abundância. Na história do êxodo, o Faraó representa o caminho do mundo e podemos vê-lo buscando segurança por meio do controle e da aquisição de posses. Ele cria grandes depósitos de grãos e riquezas,

---

174. Apocalipse 21:25.

usa exércitos para conquistar terras e escraviza os hebreus para fornecerem mão de obra para seu império. Quando o Faraó começa a temer os hebreus por estarem se tornando muito numerosos a ponto de poderem ameaçar seu poder, ele ordena que seus filhos sejam lançados no Nilo e mortos.

O Egito era um reino governado pelo medo que o levou a um mal imenso e o mesmo padrão pode ser visto nas sociedades modernas. Em 1933, Martin Niemöller, um jovem pastor na Alemanha, fez parte de uma delegação de líderes religiosos convidados para uma reunião com o Adolf Hitler. Silenciosamente o jovem observou o novo chanceler alemão do fundo da sala. Mais tarde, a esposa de Niemöller lhe perguntou o que havia acontecido na reunião. "Descobri que *Herr* Hitler é um homem terrivelmente amendrontado", respondeu ele.[175] A escassez nos amedronta, nosso medo nos leva a buscar o controle e nossa luta pelo controle pode levar a um mal inimaginável.

Em contraste com os reinos de portões fechados do mundo que são movidos pelo medo da escassez, o reino de Deus é marcado pela fé na abundância. Seus portões nunca estão fechados. Quando o Senhor conduziu seu povo do Egito para o deserto, o povo temia não ter comida e água suficientes, mas, a cada dia, Deus provia o que precisavam. Codornizes vieram sobre o acampamento todas as noites lhes provendo carne e pão do céu cobria o solo todas as manhãs. O povo de Deus sempre teve o suficiente.

---

175. NIEMÖLLER, Martin, *apud* BRUEGGEMANN, Walter. The Liturgy of Abundance, The Myth of Scarcity. *Christian Century*, 24-31 mar. 1999. Disponível em: https://www.christiancentury.org/article/2012-01/liturgy-abundance-myth-scarcity. Acesso em: 11 nov. 2021.

ABUNDÂNCIA

Aqueles que tentavam acumular o maná descobriam que tudo o que guardavam do dia anterior apodrecia durante a noite. Ao contrário dos reis do mundo, que, motivados pelo medo, buscavam o acúmulo e aquisições, o Senhor ensinava ao seu povo a verdade de que o controle é uma ilusão e, em vez de buscar o controle, deveriam se render com fé e confiança em sua abundante provisão a cada dia.[176] A fé, em vez do medo, é o que marca o seu reino.

Vemos essa qualidade da *Igreja do Amanhã* no ministério de Jesus. Em várias ocasiões, os que se reuniam para ouvi-lo não tinham o que comer. Dando graças a Deus, Jesus pegou alguns peixes e pães e alimentou milhares de pessoas. Não só havia sempre o suficiente, mas os discípulos juntaram uma abundância de sobras. Essas provisões milagrosas eram sinais de que o reino de Deus havia chegado, que a escassez deixaria de existir e que a *Igreja do Amanhã* irrompeu no mundo através de Jesus. O portão do jardim da abundância havia sido aberto outra vez.

Séculos antes, Isaías havia profetizado que a abundância acompanharia a vinda do Messias:

> *Venham, todos vocês*
> * que estão com sede,*
> *venham às águas;*
> * e vocês que não possuem*
> * dinheiro algum,*
> *venham, comprem e comam!*
> *Venham, comprem vinho*

---

176. Êxodo 16.

e leite sem dinheiro e sem custo.[177]

João repetiu as palavras de Isaías ao concluir sua descrição da cidade-jardim: "O Espírito e a noiva dizem: 'Vem!' E todo aquele que ouvir diga: 'Vem!' Quem tiver sede, venha; e quem quiser, beba de graça da água da vida".[178]

A mensagem das Escrituras é irredutível — com Deus sempre há o suficiente. Onde ele reina, nunca devemos temer a escassez. Não precisamos recuar com medo para atrás de um portão trancado ou lutar para conseguir o máximo que pudermos antes que o mercado desmorone. Em seu reino de abundância, os portões nunca se fecham; bolhas nunca se formam ou estouram. Nosso cativeiro do pecado e do medo muitas vezes pode fazer com que percamos de vista essa incrível verdade. Como Walter Brueggemann reconheceu: "Devemos confessar que o problema central de nossas vidas é que somos dilacerados pelo conflito entre nossa atração pelas boas novas da abundância de Deus e o poder de nossa crença na escassez — uma crença que nos torna gananciosos, mesquinhos e antipáticos."[179]

O *crash* imobiliário fez com que Walter Crutchfield reconhecesse esse conflito em sua própria vida. Perdera de vista a abundância de Deus e o medo da escassez o fez ignorar as necessidades de seus vizinhos. Hoje, em vez de buscar um lucro maior de formas insustentáveis

---

177. Isaías 55:1.
178. Apocalipse 22:17.
179. BRUEGGEMANN, Walter. The Liturgy of Abundance, The Myth of Scarcity. *Christian Century*, 24-31 mar. 1999. Disponível em: https://www.christiancentury.org/article/2012-01/liturgy-abundance-myth-scarcity. Acesso em: 11 nov. 2021.

ou desenvolver propriedades de modo imprudente, usa sua habilidade de fazer negócios para buscar o florescimento de sua cidade. Walter e seus parceiros agora procuram os bairros pobres e com poucos recursos para os revitalizar. "Trabalhamos em vários edifícios na esquina da *Seventh* com a McDowell que eram bem decrépitos", relata ele. "Preservamos o que havia de histórico e belo nesses edifícios e demos um novo propósito para eles".[180] Varejistas e restaurantes agora ocupam essa esquina fornecendo serviços e empregos para uma parte de Phoenix que desesperadamente necessitava. O jardim aberto, cheio de flores e mesas, tornou-se um local seguro para a comunidade se reunir. Uma vez marcado pela decadência, feiura e escassez, hoje transformado em um oásis de ordem, beleza e abundância.

Walter iniciou projetos semelhantes em outras partes de Phoenix para garantir que os bairros mais pobres tenham acesso a produtos básicos com preços acessíveis. Usou a competição do mercado para pressionar as lojas de conveniência a pararem de vender bebidas alcoólicas nas áreas onde o abuso de drogas e o alcoolismo eram excessivos; o lucro que ele gera com esses desenvolvimentos não é acumulado para prazer próprio e segurança, é reinvestido para cultivar o crescimento em outros bairros em dificuldades. A fé na abundância de Deus, em vez do

---

180. CLARKE, Nathan. Business Declares the Glory of God. *Christianity Today*, Carol Stream, IL, 8 out. 2012. Disponível em: http://www.christianitytoday.com/thisisourcity/phoenix/business-declares-glory-of-god.html. Acesso em: 11 nov. 2021.

medo da escassez do mundo, libertou Walter para usar seu chamado em busca do *shalom* de sua cidade.

O MERCADO

Já vimos que Deus chamou alguns entre seu povo para cultivarem a ordem no mundo e outros, a beleza; podemos ver como essas qualidades estão imbuídas de significado cristão. No entanto, temos mais dificuldade em reconhecer a vocação divina de cultivar a abundância porque muitos com esse chamado a buscam por meio do comércio — uma esfera historicamente ignorada ou demonizada por grande parte da igreja. Crutchfield manteve a alegria pelos negócios depois de se tornar cristão. Ele me explicou: "Mas aqueles ao meu redor disseram que os negócios eram algo inferior e que se eu fosse sério sobre minha fé, eu precisaria me envolver na igreja e no ministério". Disse que os cristãos nos negócios são instruídos a levarem o evangelho para o trabalho e a tratarem os outros com justiça, a igreja, entretanto, nunca valida diretamente seu trabalho no comércio. Uma vez, outro empresário de sucesso me confidenciou que "no corpo de Cristo me sinto apenas como o bolso de trás". Os líderes da Igreja o valorizavam por sua capacidade de financiar ministérios, mas nunca reconheceram a maneira como sua vocação gerava empregos, transformava comunidades ou tirava famílias da pobreza.

Amy Sherman, em uma pesquisa que conduziu para seu livro *Kingdom Calling* (O Chamado do Reino, tradução livre), confirmou que a mensagem que Walter ouviu da igreja não é incomum. Analisando os ministérios no ambiente de trabalho no último século, Sherman disse que a maioria deles se concentra nos "três Es" — ética, evangelismo e excelência. "Ser uma pessoa de bom caráter, testemunhar para os colegas e realizar o trabalho com excelência são partes importantes da integração entre fé e trabalho", disse ela. "Mas há muito mais a ser dito além dos três Es. Quando começarmos a entender o convite de Jesus para nos juntarmos à sua missão de restaurar todas as coisas, nosso entusiasmo em integrar a fé e o trabalho irá aumentar".[181]

Sem dúvida, a luta da igreja para ratificar o comércio e o seu papel no plano de Deus para cultivar a abundância decorre em parte dos abusos galopantes e da ganância associados ao mundo dos negócios. O colapso econômico global de 2008 foi relacionado à corrupção sistêmica em vários dos maiores bancos do mundo. A Goldman Sachs, por exemplo, mentiu para os órgãos reguladores do mercado financeiro sobre a escala da dívida nacional da Grécia, resultando no colapso de bancos por toda a Europa; por enganar seus clientes a fim de acumular mais lucro pra si, Goldman foi multada em 550 milhões de dólares pela Comissão de Valores Mobiliários dos Estados Unidos. Quando confrontada por um repórter sobre esses escândalos e o papel de sua empresa na recessão global, o CEO da

---

181. FEDDES, Morgan. Calling All Callings: Amy Sherman on 'Kingdom Calling'. *Christianity Today*, Carol Stream, IL, 9 fev. 2012. Disponível em: http://www.christianitytoday.com/ct/2012/january/amy-sherman-kingdom-calling.html. Acesso em: 13 nov. 2021.

Goldman, Lloyd Blankfein, disse que estava simplesmente "fazendo a obra de Deus".[182] O comentário enfureceu muitos que perderam seus empregos, casas e economias no colapso, enquanto os banqueiros responsáveis receberam um bônus de 27 milhões de dólares. Blankfein justificou os bônus dizendo: "Nós somos muito importantes. Ajudamos as empresas a crescer lhes ajudando a levantar capital. As empresas que crescem criam riqueza. Isso, por sua vez, permite que as pessoas tenham empregos que geram mais crescimento e mais riqueza. Temos um propósito social."[183]

Os comentários de Blankfein revelam que mesmo um relógio quebrado está certo duas vezes por dia. Na verdade, os banqueiros têm um propósito social e aqueles que são chamados por Deus para o mercado estão realizando a sua obra. Eles ajudam a criar uma abundância de empregos, oportunidades, casas, alimentos e muitos outros recursos essenciais para a vida e prosperidade; quando o mercado e o governo funcionam adequadamente, mais pessoas no mundo descobrem a bênção de ter o suficiente. Uma pesquisa do Banco Mundial revelou que o número de pessoas no mundo que vivem com menos de $1,25 por dia (valor entendido como linha de pobreza) foi reduzido pela metade desde 1990, e, pela primeira vez, as taxas de pobreza estão diminuindo em todas as regiões do globo.

---

182. PHILIPS, Matthew. Goldman's Dubious Deals: Is This 'God's Work'? *BusinessWeek*, Nova York, 7 mar. 2012. Disponível em: http://www.businessweek.com/articles/2012-03-07/goldmans-dubious-deals-is-this-gods-work. Acesso em: 13 nov. 2021.
183. IRVINE, Chris. Goldman Sachs Boss: 'Bankers Do God's Work'. *The Telegraph*, Londres, 8 nov. 2009. Disponível em: http://www.telegraph.co.uk/finance/newsbysector/banksandfinance/6524972/Goldman–Sachs–boss–bankers–do–Gods–work.html. Acesso em: 13 nov. 2021.

A maior parte desse declínio é atribuída ao crescimento econômico em países anteriormente empobrecidos, impulsionados pelos mercados abertos com uma regulamentação governamental cuidadosa. Assim como Walter Crutchfield descobriu em Phoenix, quando os negócios são feitos para o bem comum e não para a ganância individual, comunidades inteiras prosperam.

No entanto, o oposto também é verdadeiro. Quando a ganância e o medo guiam aqueles que estão no mercado ou no governo, a abundância produzida geralmente beneficia apenas os poucos que detêm as rédeas do poder. É por isso que tantos desprezam os bancos de investimento globais e o fator mais expressivo que mantém milhões de pessoas presas na pobreza em todo o mundo. Mehul Srivastava pesquisou por que a Índia, um país com terras abundantes e férteis, não consegue alimentar todo o seu povo e por que os indianos estão consumindo menos calorias hoje do que na década de 1980, apesar de ter uma das economias de maior crescimento no mundo. O pesquisador descobriu que a raiz da desnutrição da Índia não é a falta de comida, mas sim "a corrupção, a incompetência e a indiferença dos oficiais". Srivastava ainda documentou como "os estoques recorde de grãos apodrecem em depósitos e os suprimentos destinados aos pobres são frequentemente roubados. Aproximadamente $14,5 bilhões em alimentos foram saqueados por políticos corruptos ao longo de dez anos apenas no estado de Uttar Pradesh, de acordo com documentos judiciais". O Banco Mundial divulgou que a Índia gasta $14 bilhões de dólares por ano para ajudar a alimentar seus cidadãos mais pobres, mas quase 40% dessa ajuda é roubada ou mal-empregada.[184]

É por isso que a presença do cristão no mercado e no setor público é essencial e porque a igreja deve encorajar e equipar mais pessoas para manifestarem os valores da *Igreja do Amanhã* nessas esferas. A tentação da riqueza e poder é tão forte que, sem um senso do chamado de Deus, os cristãos podem facilmente cair na mesma ganância que infecta muitos outros nos negócios e no governo. Ao permanecer em silêncio sobre o chamado de cultivar a abundância para o bem dos outros, a igreja está abandonando essas funções críticas do mundo de Deus às forças da idolatria e do materialismo. Dorothy Sayers viu este perigo:

> *Em nada a Igreja perdeu tanto seu apego à realidade como em seu fracasso em compreender e respeitar a vocação secular. Ela permitiu que o trabalho e a religião se tornassem departamentos separados e fica surpresa ao descobrir que, como resultado, o trabalho secular do mundo é voltado para fins puramente egoístas e destrutivos.*[185]

Uma mudança extraordinária é possível quando os cristãos entram no mercado com um senso de responsabilidade divina e virtude cristã. Provérbios diz: "Quando

---

184. SRIVASTAVA, Mehul. Why Can't India Feed Its People? *BusinessWeek*, Nova York, 21 nov. 2012. Disponível em: http://www.businessweek.com/articles/2012-11-21/why-cant-india-feed-its-people. Acesso em: 15 nov. 2021.
185. SAYERS, Dorothy. Why work? *In* SRIVASTAVA, Mehul. *Letters to a Diminished Church*: Passionate Arguments for the Relevance of Christian Doctrine. Nashville: Thomas Nelson, 2004. p. 131.

os justos prosperam, a cidade exulta".[186] Os justos, como aprendemos no sétimo capítulo, são aqueles que têm um relacionamento bem ordenado com Deus e com os outros. Quando esses humildes servos de Deus, os quais buscam a justiça prosperam, não acumulam suas riquezas nem buscam egoisticamente conforto às custas dos outros. Em vez disso, toda a comunidade pode se alegrar com seus sucessos porque os justos usarão seu poder, riqueza e influências para abençoar os demais. Administrarão sua abundância de uma maneira que cultive *shalom* — um florescimento abrangente — para todos na comunidade.

O PRATO

Promover e equipar aqueles que são chamados ao comércio ou ao governo é uma responsabilidade crítica da igreja para conseguir oferecer vislumbres da *Igreja do Amanhã* ao nosso mundo destruído, não sendo a única responsabilidade da igreja. Em Efésios 4:28, Paulo nos lembra que a abundância não é cultivada apenas por meio de nosso trabalho, mas, também, quando compartilhamos o fruto desse trabalho. "O que furtava não furte mais; antes trabalhe, fazendo algo de útil com as mãos, para que tenha o que repartir com quem estiver em necessidade." A lógica de Paulo aqui é surpreendente. O apóstolo não apenas compara a maneira como uma pessoa adquire o pão de cada dia — roubo desonesto *versus* trabalho honesto — como também compara por que um ladrão

---

186. Provérbios 11:10.

rouba e um cristão trabalha. Paulo sugere que o ladrão usa o que adquire apenas para si, mas o cristão trabalha com o objetivo de prover para os outros. O trabalho é mais do que uma forma de superar a escassez do mundo para nós mesmos. Quando ligada à generosidade, torna-se um meio de cultivar a abundância para todos.

Cristo chama muitos de seus servos para vocações que cultivam a abundância. O fazendeiro, o dono da mercearia, o operário, o vendedor, o empresário, o banqueiro, o comerciante, o empreendedor imobiliário e muitos outros que se envolvem em um trabalho honesto que produz mais do que todos nós precisamos para viver. Quando essas tarefas são realizadas para o bem comum, trazem prosperidade, mas as palavras de Paulo em Efésios nos lembram que a abundância também é cultivada por meio da generosidade. Quando ignoramos doações como se parte do plano de Deus para criar abundância, podemos cair na armadilha que o presidente George H. W. Bush chamou de "economia vodu" — a crença de que ajudar os pobres por meio da caridade ou do governo é desnecessária porque as atividades econômicas dos ricos, com o tempo, eventualmente chegarão até os pobres, que serão beneficiados por meio da mão invisível do mercado. Essa crença foi a razão pela qual Gordon Gekko, notório banqueiro de investimentos do filme *Wall Street: Poder e Cobiça*,[187] pôde declarar: "A ganância é boa". Sua lógica

---

187. WALL Street: Poder e Cobiça. Direção: Oliver Stone. Produção: Edward R. Pressman. Roteiro: Stanley Weiser. Fotografia de Robert Richardson. Nova Iorque: 20th Century Fox, 1987. DVD.

distorcida concluiu que buscar apenas seus próprios interesses ajudaria, eventualmente e indiretamente, os pobres.

Na cosmovisão cristã, entretanto, a ganância nunca é boa. Em vez de uma abordagem passiva em relação aos pobres, Paulo nos chama a compartilhar diretamente com os necessitados. Para muitos cristãos, essa maneira de cultivar a abundância costuma ser exibida durante os cultos. Nos capítulos anteriores, vimos como a ordem e a beleza se manifestam pela adoração. Na mesa da Santa Ceia, exibimos a ordem correta dos relacionamentos humanos e divinos e, por meio das artes, refletimos a beleza de Deus quando nos reunimos. Da mesma forma, o valor da abundância no reino de Deus se manifesta quando o dinheiro é coletado para prover aos pobres e necessitados em nosso meio. Quando o prato da oferta é passado pelo trabalhador, pelo fazendeiro e pelo banqueiro, são confrontados com a verdade de que suprir as necessidades dos outros não pode se limitar a seus esforços no mercado; a abundância também deve ser cultivada por meio do sacrifício de compartilhar.

Muitos se sentem incomodados com a coleta de dinheiro no culto — particularmente aqueles fora das comunidades cristãs que consideram a associação do dinheiro e divindade inapropriada. Como já foi observado, existe dentro da igreja uma visão de que as finanças são inerentemente terrenas e deveriam ser confinadas às esferas mais profanas do comércio e dos negócios, enquanto a igreja deveria se ocupar com as coisas do céu. Para aumentar o nosso desconforto, temos a percepção de que as ofertas são usadas para encher os bolsos dos líderes da igreja ou alimentar seus egos por meio da expansão institucional em vez de alimentar os pobres ou abrigar os desabrigados. O abuso de dinheiro por parte de instituições e líderes religiosos é nauseantemente comum, mas isso não nega a importância das doações financeiras como um elemento da devoção cristã. Se a congregação da igreja serve para oferecer um vislumbre da *Igreja do Amanhã* — para mostrar ordem, beleza e abundância a um mundo destruído pelo caos, feiura e escassez —, então compartilhar nossos recursos com aqueles que têm menos deve fazer parte de nossa adoração. Ignorar essa qualidade da *Igreja do Amanhã* deixaria uma das maiores injustiças do mundo incontestada e sem correção. Por isso, o compromisso de compartilhar é evidente nas comunidades cristãs desde o princípio.

Anteriormente, vimos as provisões milagrosas realizadas por Jesus. Milhares receberam uma abundância de peixe e pão como um sinal de que o reino messiânico havia chegado. O mesmo milagre ocorreu novamente dentro da igreja primitiva, embora que, às vezes, possa passar desapercebido. Em Atos 2 e novamente em Atos 4, lemos que os crentes com dinheiro, posses e terras compartilharam o que tinham para garantir que não houvesse "pessoas necessitadas entre eles".[188] A ninguém faltava comida, roupas ou um lugar para reclinar a cabeça. Todo mundo tinha o suficiente. Ao contrário de quando Jesus alimentou as multidões, a escassez não era

---

188. Atos 4:34.

o desafio a ser superado. Existiam recursos suficientes para satisfazer as necessidades de todos, mas os recursos não eram igualmente acessíveis. O milagre em Atos não foi a multiplicação física dos alimentos, mas a transformação espiritual dos corações. Os cristãos estavam tão cheios de amor e generosidade que compartilharam a sua abundância com alegria com seus vizinhos. A fé na provisão de Deus superou seu medo da escassez. A generosidade triunfou sobre a ganância.

Um pouco mais tarde, Paulo fez o mesmo apelo aos cristãos em Corinto, quando uma fome ameaçou a igreja em Jerusalém. O apóstolo convidou os coríntios a doar de sua abundância para ajudar os que passavam por escassez, e "Então haverá igualdade".[189] Concluiu seu pedido citando Êxodo 16, a história do povo de Deus recebendo o maná no deserto. "Quem tinha recolhido muito não teve demais, e não faltou a quem tinha recolhido pouco".[190] Paulo estava comparando a partilha dos cristãos com os milagres de abundância de Deus no Antigo Testamento indicando que agora somos os instrumentos por meio dos quais Deus fornece o suficiente para os necessitados. Nossa generosidade é o milagre que garantirá que cada pessoa tenha o que comer enquanto perambula pelo deserto do mundo.

O mandamento de compartilhar faz parte de nosso chamado comum como povo de Cristo. Cada cristão, em todas as eras, foi chamado a dar, mas alguns de nós

---
189. 2Coríntios 8:14.
190. 2Coríntios 8:15, citando Êxodo 16:18.

também têm o chamado particular de cultivar a abundância administrando a distribuição desses dons. Em Atos 6, lemos que a igreja chamou sete pessoas de "bom testemunho, cheios do Espírito e de sabedoria"[191] para distribuir mantimento aos necessitados. Hoje, Cristo continua a chamar alguns de seus servos para trabalhar com igrejas, instituições de caridade, organizações sem fins lucrativos e agências governamentais para garantir que os pequenos entre nós tenham o suficiente. Também manifestam a abundância da *Igreja do Amanhã* no deserto de nosso mundo.

A CRUZ

A escassez cria medo. A falta de comida, água ou abrigo suficientes causou dor e guerras devastadoras ao longo da história, à medida que pessoas e sociedades se esforçavam para adquirir o que necessitavam para sua vida muitas vezes às custas dos outros. É a própria escassez da vida, porém, que provoca maior medo em nós. A vida era abundante no Éden, fora do jardim, entretanto, tornou-se escassa. Por causa da rebelião, o Senhor declarou ao homem: "você é pó, e ao pó voltará".[192]

O medo de nossa própria mortalidade impulsiona e dirige a vida de muitos. Tentamos tenazmente reter nossa juventude, ou pelo menos a aparência dela, de maneiras cada vez mais chocantes. Embora cuidar de nosso corpo

---
191. Atos 6:1-6.
192. Genesis 3:19.

seja considerado uma virtude nas Escrituras, muitos buscam a boa forma física pelo desejo de enganar a morte. O filósofo Simon Critchley observou que esses comportamentos culturais também são evidentes entre os cristãos — aqueles que afirmam acreditar na vida eterna. Citou uma pesquisa que mostra que 92% dos americanos acreditam em Deus e 85% no céu.

Mas a verdade mais profunda é que tal crença religiosa, incluindo uma vida celestial após a morte, traz pouco consolo aos crentes frente a morte. O único sacerdócio em que as pessoas realmente acreditam é a profissão médica e o propósito de suas drogas e tecnologia sacramentais é apoiar a longevidade, o único bem inquestionável da vida ocidental contemporânea.

> *Se fosse necessária alguma prova de que muitos crentes religiosos realmente não praticam o que pregam, ela pode, então, ser encontrada na ignorância do ensino religioso sobre a morte, particularmente o ensino cristão. (...) O cristianismo, nas mãos de um Paulo, de um Agostinho ou de um Lutero, ensina a nos reconciliar com a brevidade da vida humana e abandonar o desejo de riquezas, bens mundanos e poder temporal (...) [Mas muitos cristãos hoje] estão vivendo vidas ateístas desesperadas, limitadas pelo desejo de longevidade e pelo terror da [morte].* [193]

Em vez de ver a profissão médica como um "sacerdócio" que apazigua nosso grande medo da morte, os

---

193. CRITCHLEY, Simon. *The Book of Dead Philosophers*. Nova York: Vintage Books, 2008, p. 247–48.

cristãos devem honrar aqueles que são chamados por Deus para a medicina e a saúde como cultivadores de vida. Estes lutam contra a morte, buscando trazer integridade a nossos corpos e curas para nossas doenças, mas a tentação de deificar os médicos é temperada quando lembramos que seu trabalho só pode atrasar, e não derrotar, o nosso inimigo. Ninguém possui o poder de vencer a morte, exceto Deus, o autor da vida.

Além dos chamados para as vocações de saúde, existem outros que cultivam a vida de maneira mais custosa. Alguns recebem o chamado específico de Deus para sacrificar suas próprias vidas para salvar outros. Vimos o heroísmo de policiais, soldados, bombeiros e socorristas e, com razão, honramos sua disposição de oferecer sua vida para que outros vivam. Esse sacrifício é frequentemente requerido em meio aos piores cenários imagináveis no deserto do mundo e isso faz de seu sacrifício algo muito mais glorioso e poderoso.

Anne Gordon, em O *Livro dos Santos*, fala sobre o sacrifício do Padre Maximilian Kolbe. Enquanto era prisioneiro dos nazistas em Auschwitz em 1941, um outro preso escapou do campo. Para impedir mais tentativas, os nazistas ordenaram que dez prisioneiros morressem de fome. Depois de selecionados os dez, o Padre Kolbe se ofereceu para ocupar o lugar de um dos condenados. Então foi privado de comida em um *bunker* por duas semanas e finalmente executado dia 14 de agosto de 1941. Décadas depois, um sobrevivente de Auschwitz contou sobre o impacto do sacrifício de Kolbe. O acampamento, contou ele, era um lugar sem esperança, mas oferecer-se para "uma morte horrível por causa de alguém que nem mesmo era seu parente" nos encheu de esperança de que a escuridão não prevaleceria no final.

> *Milhares de prisioneiros estavam convencidos de que o mundo verdadeiro continuava a existir e que nossos torturadores não seriam capazes de destruí-lo. Dizer que o padre Kolbe morreu por nós ou pela família dessa pessoa é uma grande simplificação. Sua morte foi a salvação de milhares. (...) Ficamos espantados com seu ato, que se tornou para nós uma poderosa explosão de luz em um acampamento sombrio.*[194]

Kolbe ilustra a maneira incomparável do sacrifício pessoal que ilumina a realidade atual da *Igreja do Amanhã*. Quando alguém dá a sua vida por outro, está demonstrando imenso amor pela pessoa salva. Como Jesus declarou: "Ninguém tem maior amor do que aquele que dá a sua vida pelos seus amigos."[195] Tal sacrifício, no entanto, também requer fé absoluta na abundância de Deus. Aceitar a morte de boa vontade é confiar que em Deus existe fartura de vida, que a morte não terá a última palavra e que você será resgatado de suas garras para participar da vida sem fim de Deus. Abrir mão da vida é acreditar que o deserto do mundo não durará muito, mas a realidade da *Igreja do Amanhã*,

---

194. GORDON, Anne. *A Book of Saints*. Nova York: Random House, 1994, p. 77.
195. João 15:13.

cheia de ordem, beleza e abundância, encherá o cosmos com o poder da ressurreição de Jesus Cristo.

Essa fé foi evidenciada em Jesus quando aceitou a morte pelas mãos de pecadores. Lemos que foi "pela alegria que lhe fora proposta" que "suportou a cruz, desprezando a vergonha". Jesus confiou que após a morte seria ressuscitado para a vida e estaria assentado "à destra do trono de Deus".[196] A ressurreição é a manifestação final da abundância de Deus e a derrota da escassez do mundo. Quando Jesus ressuscitou, ele declarou vitória sobre a morte e abriu o caminho para "que tenham vida, e a tenham plenamente".[197]

Na cruz de Cristo vemos os valores e a realidade da *Igreja do Amanhã* de forma mais radiante. Com sua morte, ele criou a ordem. Ele derrubou o muro de hostilidade que existia entre as pessoas e nos tornou um, e então nos reconciliou com Deus em um corpo por meio da cruz.[198] Na cruz, Jesus também revelou o poder da beleza. Outros olharam para seu corpo torturado e viram um desperdício feio e sem sentido. Eles queriam que Jesus fizesse algo prático. "Você não é o Cristo?" eles gritaram. "Salve-se a si mesmo e a nós!"[199] Em vez disso, fez o que o mundo só poderia interpretar como inútil: ele morreu. Não tinham os olhos para ver a beleza de sua obediência. Não podiam ver que, sendo erguido em uma cruz romana, atrairia todas as

---

196. Hebreus 12:2.
197. João 10:10.
198. Efésios 2:16.
199. Lucas 23:39.

pessoas a si mesmo. A cruz também é onde a escassez da morte foi tragada pela abundância da vida. Vencendo o túmulo, Jesus declarou, e declaramos com ele: "Onde está, ó morte, a sua vitória? Onde está, ó morte, o seu aguilhão?"[200]

---

200. 1Coríntios 15:55.

CAPÍTULO X
ESPERANÇA

Iniciamos a nossa jornada até a Igreja do Amanhã no dia 30 de abril de 1939, enquanto milhares de nova-iorquinos da era da Depressão contemplavam o Mundo do Amanhã; foram atraídos para o outro lado do rio pela cintilante torre branca do Trylon e tiveram um vislumbre da cidade do futuro dentro do enorme Perisfério. A Feira Mundial de 1939 os inspirou com uma visão do futuro que acendeu tanto a esperança quanto o seu senso de propósito, mas como todas as visões, ela se desvaneceu com o tempo.

Após duas temporadas, a feira foi fechada e os prédios desmontados. Um jovem do Queens disse: "Eu não estava preparado para o choque e a decepção de realmente ver as construções, o Trylon e o Perisfério, sendo demolidas quando passamos de carro. Eu não conseguia acreditar. Eu estava triste e com raiva. O Trylon e o Perisfério pareciam tão importantes e eram tão onipresentes que nunca imaginei que eles poderiam ser tirados de lá."[201] A feira teve que desaparecer. Se permanecesse, as pessoas se contentariam em visitar o futuro

---

201. LANGENTHAL, Stephen R., apud COHEN, Barbara; HELLER, Steven; CHWAST, Seymour. *Trylon and Perisphere*. Harry N. Abrams, Inc.: Nova York, 1989.

ao invés de criá-lo; aceitariam uma imitação do amanhã enquanto o real seria perdido.

É por isso que, para cumprir o seu propósito, todas as visões devem diminuir para abrir espaço para o surgimento de uma nova realidade. Isso explica por que Jesus disse aos seus discípulos: "Mas eu lhes afirmo que é para o bem de vocês que eu vou".[202] Jesus veio e inaugurou o seu reino de ordem, beleza e abundância. Ele nos deu uma visão arrebatadora de um mundo renascido, mas ascendeu ao Pai para que o Espírito Santo pudesse vir e capacitar aqueles que acreditam em fazer as obras que ele realizou e ainda maiores.[203] Ao nos deixar e enviar seu Espírito, Jesus garantiu que a *Igreja do Amanhã* seria mais do que uma visão. Por meio de seu povo, renascido pelo poder de sua ressurreição e cheio de seu Espírito, chamado a diferentes obras, a *Igreja do Amanhã* se tornaria uma realidade.

Assim como foi o caso da Feira Mundial de 1939, também chegou a hora de nossa breve jornada ao Mundo do Amanhã acabar. Foi uma jornada curta, e admito que incompleta, mas acredito que você tenha agora um entendimento melhor da visão cristã do futuro e como ela molda o nosso propósito hoje. Vimos como os caminhos populares da evolução e da evacuação falham em lidar com o cansaço de nossa geração e porque nenhum destes oferece uma esperança abrangente para um mundo perdido no caos, na feiura e na escassez. Também exploramos a narrativa bíblica que segue do jardim ao deserto e à

---

202. João 16:7
203. João 14:12.

cidade — a *Igreja do Amanhã*, um mundo próspero no qual o *shalom* atinge a maturidade plena e onde a humanidade habita em união ininterrupta com Deus.

Examinamos a forma como a ressurreição de Jesus deu início à nova criação e como o poder de sua ressurreição é o único caminho para a *Igreja do Amanhã* a oferecer uma esperança abrangente ao cosmos. A magnitude dessa esperança nos levou a redescobrir a esquecida teologia da vocação. Descobrimos que o propósito para o povo de Cristo não se limita às cruzadas sociais ou ao evangelismo, rigidamente definidos pelos caminhos da evolução e evacuação. Em vez disso, Cristo, o nosso Pastor, chama cada uma de suas ovelhas para uma tarefa específica em seu mundo. Alguns são chamados a cultivar a ordem, outros a beleza e outros a abundância. Em todos esses chamados, e por meio da adoração da igreja, Deus é glorificado quando o nosso mundo tem vislumbres da realidade presente da *Igreja do Amanhã* e aguarda o dia em que o cosmos será transformado quando a voz de Cristo declarar: "Estou fazendo novas todas as coisas!"[204]

O FIM SEM FIM

Até aquele dia glorioso, permanecemos no deserto do mundo tanto para cultivar como para receber vislumbres da *Igreja do Amanhã*, mas essa tarefa tem seus desafios. Eu compartilhei inicialmente sobre as duas visões contrastantes do futuro que recebi quando criança. A visão

---
204. Apocalipse 21:5.

de Walt Disney me disse que havia um "ótimo, grande e lindo amanhã" que seria construído por meio da engenhosidade humana e do progresso perpétuo. Essa visão foi arruinada para mim quando Peter, meu irmão, morreu. De repente, o futuro não trazia mais consigo uma visão fácil de ser recebida, mas uma que deveria ser temida e evadida. Antes da morte do Peter, a minha visão de infância era uma de otimismo ingênuo. Após a sua morte, assim como no aconteceu com muitos da minha geração, adotei o cinismo cansado.

As minhas experiências de infância refletem as duas visões dominantes do futuro mantidas por muitos cristãos: os caminhos da evolução e da evacuação. Nenhum dos dois atendeu à minha necessidade de esperança ou propósito, e as evidências mostram que a minha geração também não está aceitando essas visões. Foi quando eu finalmente descobri o poder da ressurreição de Jesus Cristo que encontrei o caminho que poderia me levar até a cidade-jardim de Deus. Eu abracei essa visão cristã como um antídoto para o humanismo ingênuo da cultura e do escapismo cínico da igreja. Assim como aconteceu com a visão que recebi na Disney em minha infância, a sombra da morte viria novamente testar a minha esperança.

Oito anos atrás, meu filho, Isaque, a quem dei o segundo nome de Peter em memória ao meu irmão, nasceu prematuramente. A princípio prosperou, mas, no dia de Natal, o seu pequeno corpo teve uma hemorragia e ele entrou em choque. Quase o perdemos. Por semanas, foi mantido vivo através de tubos de alimentação e por transfusões de sangue. Eventualmente, um consenso entre os médicos começou a se formar. O fígado de Isaac estava parando de funcionar e, mesmo se ele se recuperasse, o que era improvável devido ao seu tamanho, nos informaram que crianças com sua condição não vivem até os dez anos de idade.

O técnico de basquete da UCLA, John Wooden, disse certa vez: "A adversidade é o estado em que o homem se conhece com mais facilidade".[205] Nos meses que se seguiram conheci bem a minha raiva. Isso era cruel e injusto, eu dizia a mim mesmo. Eu já havia experimentado a dor que brota quando uma família perde uma criança. Agora eu estava passando por isso de novo, mas desta vez como pai. Os efeitos da morte do Peter repercutiram no casamento de meus pais por mais de vinte anos. Como a perda do Isaque mudaria a minha vida e o meu casamento? A doença do nosso filho também testou a minha esperança em Cristo. Será que eu havia sido um tolo em acreditar que este mundo poderia ser alguma coisa além de um mero deserto? Será que eu era louco por colocar a minha esperança em um Deus que faria todas as coisas novas?

Olhando para trás, aquela fase não me fez questionar a minha visão cristã do futuro. Em vez disso me fez questionar a praticidade da minha fé cristã no presente. Eu ainda acreditava que Cristo redimiria todas as coisas e que a *Igreja do Amanhã* um dia seria realidade, mas com uma criança doente e possivelmente morrendo, uma esposa em

---

205. WILLIAMS, Pat. *Coach Wooden*: The 7 Principles That Shaped His Life and Will Change Yours. Grand Rapids: Revell, 2007, p. 178.

luto e uma alma irada, eu precisava ver evidências da cidade-jardim no meu *agora*. Não era suficiente o Cristianismo me oferecer uma esperança para o amanhã; a minha fé enfraquecida, assim como a fé de tantos outros da minha geração, estava em busca de evidências da renovação de Deus *hoje*. Essa se tornou minha oração. Eu precisava abrir os meus olhos para ver que Deus estava conosco e que o poder de sua ressurreição estava operando na devastação cotidiana do meu mundo. Ele respondeu a essa oração.

Os sintomas do Isaque pareciam aleatórios e contraditórios. Por semanas, os médicos se esforçaram para entender o que estava acontecendo dentro de seu corpo de um quilo. A partir desse caos, começaram a construir a ordem. Usando as suas habilidades e ferramentas, agregaram teorias para explicar seu sangramento e sua insuficiência hepática. Fizeram testes e pacientemente nos ajudaram a entender o que estavam fazendo com o nosso filho. Alguns dos médicos, cientes de suas próprias limitações, oraram pelo Isaac. Reconheceram que algumas coisas estavam além de sua capacidade de cura e se submeteram humildemente a Deus. No caos, eles nos deram vislumbres de ordem.

Com o passar das semanas, o quarto do Isaque na unidade de terapia intensiva neonatal estava atulhado de flores, balões, brinquedos e cobertores feitos à mão. Crianças da vizinhança e da nossa igreja fizeram cartões e desenhos. A visão mais bonita, porém, era chegar de manhã cedo e ver o Isaque sendo embalado nos braços de alguma voluntária. Algumas mulheres doavam seu tempo para segurar os bebês na UTI neonatal durante a noite para que seus pais pudessem descansar. Essas avós substitutas sabiam que muitas das crianças não viveriam por muito tempo. Era uma oferta prescindível — mesmo assim com um lindo resultado. Na feiura daqueles dias, essas mulheres maravilhosas eram vislumbres de beleza.

Ao contrário dos ursinhos de pelúcia e das flores, muitos dos presentes que recebemos foram muito práticos. Não preparamos uma refeição sequer por dois meses. Comida chegava à nossa porta todos os dias vinda de amigos da igreja e, às vezes, de estranhos que tinham ouvido falar da nossa necessidade. Outros cuidaram de nossa filha mais velha para que pudéssemos passar mais tempo no hospital. Cheques anônimos vinham para ajudar nas contas médicas e alguns vinham com notas explicando que Deus havia colocado em seus corações nos ajudar. Em nossa escassez, esses presentes generosos eram vislumbres de abundância.

Por meio dessas pessoas e de muitas outras que cumpriram fielmente os seus chamados, Deus estava me ajudando a ver o jardim no deserto. Mostrava-me que a minha esperança poderia suportar a realidade deste mundo caído e temível, e que ele estava trabalhando para tornar a *Igreja do Amanhã* uma realidade mesmo na escuridão daqueles dias. Eu me senti como João Batista, atormentado pelo medo e pela dúvida na masmorra de Herodes perguntando a Jesus: "Você é aquele? Porque tudo que vejo me diz que eu estava errado". Jesus respondeu à dúvida de João com gentileza, enviando os amigos de João de volta a ele com relatos da realidade da *Igreja do Amanhã*. Eles ajudaram João a ver o que não podia ver de seu lugar nas sombras — os cegos veem, os surdos ouvem e os coxos andam.

Da mesma forma, Cristo graciosamente me ofereceu vislumbres da *Igreja do Amanhã* mesmo na escuridão daqueles dias por meio de médicos, amigos, enfermeiras, voluntárias e generosos irmãos e irmãs em Cristo. Quando a minha visão foi restaurada, lentamente descobri que minha raiva estava se dissolvendo e sendo substituída por uma paz que eu não conseguia explicar. Essa paz ficou mais perceptível enquanto eu aguardava os resultados conclusivos do teste de fígado do Isaque. A minha esposa e eu ficamos sentados ao lado do telefone o dia todo. Expressamos individualmente a nossa confiança em Deus e confirmamos a nossa esperança no futuro a despeito do resultado, e nos consolamos nas muitas maneiras que já havíamos visto o seu reino por meio de seu povo fiel manifestando a ordem, a beleza e a abundância ao nosso redor.

Quando recebemos a ligação, descobrimos que os resultados do teste não eram bons. Com base na explicação dos médicos, aceitamos o fato de que iríamos perder nosso filho. Eu tinha dado a ele o nome de Isaque antes de sua doença e antes que pudesse saber como a sua história se espelharia na história do personagem bíblico. O Senhor pediu a Abraão que sacrificasse o seu único filho, o Isaque. Agora estava me pedindo para entregar o meu Isaque também e, assim como Abraão, eu poderia escolher confiar a sua vida a Deus ou agarrar-me à raiva, ao controle e ao medo.

Naquela noite, eu me peguei lendo as palavras de Santo Agostinho no livro *A Cidade de Deus*, onde descreveu nossa casa eterna como um lugar de paz perfeita. Como em nossa exploração da *Igreja do Amanhã*, Agostinho enfatizou o *shalom* difundido que preencherá a era por vir. Escreveu: "Ali descansaremos e veremos; veremos e amaremos; amaremos e louvaremos. Eis a essência do fim sem fim".[206] A última frase se alojou em mim — um fim sem fim — e me encharcou de esperança, como uma chuva de verão encharca o solo. Essa verdade corria por todo meu corpo e eu sabia que era verdade de uma forma que ia além do conhecimento. Eu sabia que a perda do Isaque não seria o fim. Nós, que pertencemos a Cristo, não acreditamos em fins. Acreditamos na abundância de vida. A vida do Isaque nunca terminaria, e nem a minha. Como diz a antiga oração da igreja, acreditamos em um "mundo sem fim". Tendo visto a evidência do reino de Deus no presente, e tendo uma esperança renovada no reino interminável que ainda viria, encontrei a fé para entregar Isaque aos seus cuidados. A minha visão do amanhã me deu forças para o meu hoje.

Assim como Abraão em Moriá, eu não sabia que Deus também havia providenciado um carneiro em um arbusto para mim. Dias após o teste conclusivo do fígado do Isaque, um novo especialista foi trazido para seu caso, oferecendo uma explicação muito diferente para os seus sintomas e para os resultados dos testes. Concluiu que

---

206. Santo Agostinho, *A Cidade de Deus*. Parte II. Petrópolis: Editora Vozes, 2012, p. 831.

Isaque se recuperaria e ficaria perfeitamente saudável. Não haveria necessidade de transplantes, transfusões ou mais testes. Parecia bom demais para ser verdade, mas o tempo provou que o especialista estava certo. Isaque sobreviveu. Foi um longo processo com vários contratempos, mas hoje é um menino perfeitamente saudável. A conclusão não é que os resultados serão sempre positivos ou que a fé nos poupará das duras realidades do deserto do mundo. As Escrituras, a história e as nossas próprias experiências provam que esse não é o caso.

Em vez disso, devemos reconhecer que o deserto não durará para sempre. Nossa esperança, enraizada na ressurreição de Jesus Cristo, é que se aproxima o dia em que o poder de sua ressurreição transformará o mundo na *Igreja do Amanhã*; e o caos, a feiura e a escassez do deserto serão superados pela ordem, pela beleza e pela abundância da cidade-jardim de Deus. Até então, oramos para que todos os olhos vejam a evidência do jardim ao nosso redor, nas vidas e na fidelidade do povo de Cristo e em suas obras, e continuamos cultivando esses vislumbres para outros à medida que ouvimos e obedecemos ao seu chamado para nossas vidas. Pois em qualquer época, independentemente de quão otimista ou desesperadora seja, é em Cristo que descobrimos nossa esperança — Aquele que é o mesmo ontem, hoje e sempre.

PERGUNTAS PARA DISCUSSÃO EM GRUPO

CAPÍTULO 1: VISÃO

1. Em sua experiência, qual mensagem você recebeu da igreja sobre o futuro? Como ela influenciou o que você acredita ser mais importante hoje?
2. Que experiências, positivas ou negativas, mais influenciaram a maneira como você pensa sobre o futuro?
3. Você acredita que o futuro será melhor ou pior do que o presente?
4. O que é mais importante para Deus: ser missionário ou jardineiro? Por quê?

CAPÍTULO 2: O ÁPICE

1. Pense nos ensinamentos que você ouviu ou leu sobre o "fim dos tempos" no passado. Descreva o tom e a ênfase desses ensinamentos. Eles te encheram de esperança, de medo ou ambos?

2. Por que Deus criou os seres humanos? Como a descrição do Jardim do Éden neste capítulo mudou o que você pensa sobre trabalho?
3. O *shalom* descreve o mundo quando tudo está correto, alinhado e florescendo. Como Jesus trouxe *shalom* durante seu ministério terreno? Qual a importância do exemplo de Jesus para nós e como vivemos hoje?
4. Nos capítulos finais de Apocalipse, em vez de ver as pessoas subindo ao céu, João vê a cidade de Deus descendo à terra. Qual a significância disso? Como essa revelação afeta a sua visão sobre o futuro?

CAPÍTULO 3: EVOLUÇÃO

1. Você se descreveria como alguém que acredita que a humanidade está melhorando gradualmente ou piorando constantemente? Compartilhe suas razões.
2. Por que os cristãos, principalmente os jovens, são atraídos por mensagens sobre "mudar o mundo"? O que esses chamados causam em você?
3. Quem é mais prestigiado em sua igreja ou comunidade cristã? Como isso é comunicado e quais mensagens são dadas, direta ou indiretamente, como resultado?
4. Compartilhe um exemplo de sua experiência de como os cristãos que tentaram trazer mudanças positivas de fato causaram conflitos e danos.

CAPÍTULO 4: EVACUAÇÃO

1. Como os cristãos são vistos em sua comunidade e em nossa sociedade? Como essa percepção pode ser o resultado natural dos cristãos acreditarem que a Terra está condenada?
2. Compartilhe uma experiência que te fez sentir culpa por não fazer o suficiente para a missão de Deus ou para a igreja. O que te fez sentir-se assim? Qual foi sua resposta?
3. Como você entende o valor da segurança que os cristãos buscam? O que há de bom nisso? Como isso pode ser prejudicial?
4. Você já pensou em deixar sua vocação atual para servir em um ministério de tempo integral? O que gerou essa ideia? Como sua comunidade responderia a tal decisão?

CAPÍTULO 5: RESSURREIÇÃO

1. Ao refletirmos sobre o propósito original de Deus para a humanidade (ver o segundo capítulo), como Jesus cumpriu o propósito original de Adão?
2. O que você aprendeu sobre o significado da ressurreição de Jesus no passado? Por que isso é importante para os cristãos?
3. Se Deus está interessado em redimir os nossos corpos e esta terra ao invés de simplesmente levar almas para um céu não-físico, como isso influencia o modo

que vivemos hoje como igreja? Como isso muda a maneira como pensamos sobre o nosso propósito?
4. Especulem juntos: o que pode permanecer da época atual para a eternidade? O que não vai permanecer? Como isso desafia o que foi aprendido no passado sobre o futuro?

CAPÍTULO 6: VOCAÇÃO

1. Você vive como se houvesse uma divisão entre o trabalho secular e o sagrado? Como essa divisão é evidente em sua vida e atividades?
2. Quando você sentiu pela primeira vez um chamado para uma tarefa ou trabalho específico? O que você fez para testar esse chamado ou determinar se ele encaixava-se com seus dons e habilidades?
3. Descreva suas experiências em sua igreja ou comunidade cristã. Compartilhe uma ocasião em que você se sentiu fortalecido e equipado para cumprir o que Cristo te chamou a fazer no mundo. Você também consegue identificar um momento em que se sentiu controlado e usado para promover os interesses da organização? Como você descreveria os líderes em cada uma dessas situações?
4. O que sua igreja poderia fazer para comunicar o valor e a dignidade do chamado de cada pessoa? Como você poderia começar a fazer isso em seu relacionamento com os outros cristãos?

CAPÍTULO 7: ORDEM

1. Como os relacionamentos com outras pessoas impactaram o seu relacionamento com Deus? Descreva como a sua comunhão com Deus influenciou o seu relacionamento com uma outra pessoa. Por que somos tentados a desconectar essas duas áreas de nossas vidas?
2. Fale sobre alguém em sua vida ou comunidade que cultivou a ordem. Como Deus usou essa pessoa para trazer *shalom*? Como as coisas seriam piores se essa pessoa parasse de usar os seus dons para o benefício de outras pessoas?
3. O que deveria ser mais importante para os cristãos: aliviar o sofrimento presente ou o sofrimento eterno? O que há de errado com essa pergunta?
4. Leia Isaías 58. Qual a ligação entre a maneira como o povo de Deus o louva e o cultivo da justiça no mundo? Como você pode empregar a mensagem de Isaías 58 em sua igreja ou comunidade cristã?

CAPÍTULO 8: BELEZA

1. Descreva a última vez que você foi cativado pela beleza. O que chamou sua atenção? Por quê? Como você se sentiu? O que você acha que faz Deus se sentir assim também?

2. De quais maneiras você vê os cristãos submeterem a beleza à praticidade? Quando isso é bom e quando isso pode ser levado longe demais?
3. Você acha que é aceitável que uma igreja gaste dinheiro em coisas puramente estéticas e não utilitárias? Por que sim ou por que não?
4. Você se descreveria mais como os discípulos ou a mulher na história de Marcos 14:3-9?
5. Compartilhe algo que você fez puramente por prazer, sem qualquer consideração sobre a sua praticidade. Você acha que Deus aprova ou desaprova tal comportamento? Por quê?

CAPÍTULO 9: ABUNDÂNCIA

1. Como uma empresa poderia operar de forma diferente se aqueles que a dirigissem estivessem interessados em desenvolver a comunidade e não apenas em obter lucros financeiros? O que poderia ser mensurado nesta situação?
2. Como você se sente quando a oferta é coletada durante os cultos em sua igreja ou comunidade cristã? Por que você se sente assim?
3. Você tem medo doar o seu dinheiro? O que seus medos revelam sobre onde você deposita sua fé?

4. O que é escasso em sua comunidade? Como você, juntamente com outras pessoas, podem começar a fazer em relação a essa escassez para gerar abundância?

LEITURA RECOMENDADA

Redescobrimos, no capítulo 6, a importância da vocação — a crença de que Deus chamou cada um de seus filhos para uma obra específica em seu mundo. Conforme foi observado nesse capítulo, podemos encontrar os nossos chamados comuns nas Escrituras. Ainda assim, descobrir a nossa vocação individual e específica não é tão fácil. Para saber a que fomos chamados para cultivar neste mundo e onde devemos atuar, devemos ter três coisas:

1. Uma comunhão vibrante com Deus pela fé em Cristo e presença de seu Espírito;
2. Um senso crescente e uma autoconsciência humilde que reconhece nossos dons, habilidades, fraquezas e feridas;
3. Um conjunto saudável de relacionamentos com irmãs e irmãos cristãos que podem confirmar, e às vezes redirecionar, o nosso senso de vocação.

Este livro foi escrito para ajudá-lo a reformular a maneira como você pensa sobre o futuro, o mundo e seu propósito nele. Discernir seu propósito específico, entretanto, é um trabalho contínuo que espero que você continue investigando em comunhão com Deus e sua igreja. Para ajudá-lo nessa jornada, aqui estão algumas obras que eu recomendo:

- GUINNESS, Os. The Call: *Finding and Filling the Central Purpose of Your Life*. Nashville: Thomas Nelson, 2003.
- PALMER, Parker J. *Let Your Life Speak*: Listening for the Voice of Vocation. San Francisco: Jossey-Bass, 1999.
- SMITH, Gordon T. *Courage and Calling*: Embracing Your God-Given Potential. Downers Grove, IL: InterVarsity Press, 2011.

AGRADECIMENTOS

Sem o apoio do Steve Perry, eu nunca teria tido o espaço e a flexibilidade para escrever este livro. Agradeço o seu encorajamento do meu chamado e ministério. Da mesma forma, estou em dívida com o Dean Bruns por uma refeição no *Smokin' Jakes* em Arnold's Park, Iowa. Esse jantar foi a resposta de muitas orações. Obrigado por usar os seus dons para que eu pudesse usar os meus.

A Igreja do Amanhã é o segundo livro que escrevi com a ajuda de Andy Brumbach e de Dan Haase. Seus comentários em nossas reuniões de sexta-feira de manhã moldaram este livro de inúmeras maneiras. Obrigado por compartilharem os seus dons artísticos, literários e espirituais comigo.

Joel Miller e o querido pessoal da Thomas Nelson, bem como Kathy Helmers e a equipe do Creative Trust Literary Group, têm sido parceiros maravilhosos. Obrigado por me ajudarem a compartilhar a mensagem da *Igreja do Amanhã*.

Eu agradeço o incentivo de Brian e Cheryl Baird, de Scottie May, Jim Lamott e Tom e da Mary Ellen Slefinger (que praticamente foram coautores deste livro... *piscadinha*).

Nosso grupo tem sido uma fonte de autenticidade, carinho e uma alegre comunidade cristã em minha vida.

Muitas das pessoas e histórias de ordem, beleza e abundância descritas neste livro foram descobertas e contadas pela primeira vez pelos meus talentosos colegas da *Christianity Today* por trás do projeto *This Is Our City* (Esta é a nossa cidade, tradução livre): Andy Croucha, Katelyn Beaty, Nate Clarke, Christy Tennant Krispin e Roxanne Wieman. Obrigado pelos seus esforços em contar as histórias de cristãos que buscam o florescimento de suas comunidades.

Conheci Walter Crutchfield, cuja história aparece no nono capítulo, durante uma refeição incomum na Cidade do Cabo, África do Sul. Desde então, ele tem sido uma fonte de incentivo e apoio. Obrigado não apenas por encarnar as mensagens do *Vida com Deus* e *A Igreja do Amanhã*, mas por confirmar o meu chamado para comunicá-las.

A Igreja do Amanhã apresenta aquilo que acredito sobre como devemos nos relacionar com o mundo de Deus. Não há dúvida de que as duas pessoas que mais influenciaram a minha própria visão do mundo foram meus pais. À medida que envelheço e busco a sabedoria de Deus para guiar meus filhos, fico cada vez mais grato pelos valores e instruções que recebi de minha mãe e de meu pai. Vocês me mostraram a beleza e o quebrantamento deste mundo, me convenceram de que eu sempre seria amado nele.

Sempre serei grato por minha esposa, Amanda. Não importa o que o futuro possa trazer, fico feliz em saber que estaremos unidos trabalhando lado a lado no jardim do Senhor.

ESTE LIVRO FOI COMPOSTO POR MAQUINARIA EDITORIAL NAS FAMÍLIAS TIPOGRÁFICAS ADOBE CASLON PRO, CHEAP PINE E EPICURSIVE SCRIPT. CAPA EM PAPEL SUPREMO ALTA ALVURA 250 G/M² E MIOLO EM PAPEL LUX CREAM 70 G/M². IMPRESSO PELA GRÁFICA PLENA PRINT EM JUNHO DE 2024.